Marijan Ljubić - Jakov Marin

MEDJUGORJE

Kurzbericht über die Ereignisse und Botschaften
Autorisierte Übersetzung aus dem Kroatischen

CIP-Titelaufnahme der Deutschen Bibliothek

Kurzbericht über die Ereignisse und Botschaften
Medjugorje-Buchreihe Band 10
Herausgeber: Gebetsaktion Medjugorje, Wien
1. Auflage 1995, 20.000 Stück
Gebetsaktion Medjugorje
Wien, A-1153, Postfach 18
ISBN 3-901228-24-1

Dieser Bericht wurde nach dem Buch verfaßt:
Marijan Ljubić - Jakov Marin:
Königin des Friedens in Medjugorje,
Verlag Hermagoras, Klagenfurt 1990.

ISBN: 3-901228-24-1

Marijan Ljubić - Jakov Marin

MEDJUGORJE

Kurzbericht über die Ereignisse und Botschaften

Autorisierte Übersetzung
aus dem Kroatischen,
bearbeitet von der
Gebetsaktion – Wien
im Sommer 1995

Bemerkung des Autors:

Dieses Büchlein ist ein Versuch, eine kurze Übersicht der Geschichte der Marienerscheinungen in Medjugorje und der Botschaften der Mutter Gottes zu geben, wenigstens in kurzen Zügen. Auch wollte ich noch einige Erwägungen hinzufügen, besonders im Zusammenhang mit anderen Marienerscheinungen. Ich möchte betonen, daß diese meine Erwägungen keine Spekulationen sind, sondern die Frucht vieler Gebetsstunden vor dem Tabernakel, wo ich Kraft und Ideen für diese Arbeit geschöpft habe. Ich fühle mich verpflichtet, diese Erwägungen der Öffentlichkeit vorzulegen. Jeder Leser hat die Freiheit, diese Meinungen aufzugreifen oder nicht. Die Kirche hat bisher kein Wort des Urteils über Medjugorje gesprochen, und so steht es jedem frei, sich ein eigenes Urteil darüber zu bilden, vom gesunden Verstand und vom Licht der Gnade geleitet. Die Zukunft wird zeigen, ob und wieweit ich recht habe.

Anstelle eines Vorwortes

„Während des Gottesdienstes verspürte ich den Impuls, euch ein Wort von Gott zu sagen: Ich, euer Gott, ich habe euch erwählt. Ich werde euch zu meinem neuen Volk machen. Ich werde euch sammeln und erneuern, und meine Güte wird euch zur Umkehr führen. Ich werde euch mit eurem ganzen Herzen zu mir bekehren, und ihr werdet erfahren, daß ich euer Gott bin. Und ich werde jedem von euch ein neues Herz geben. Ich werde meinen Geist in

euch hineinlegen und euch erwecken. Und ihr werdet meine Zeugen sein. Ihr werdet zum Zeichen werden für die Völker im Osten und für die Völker im Westen, wenn ihr euch mit ganzem Herzen zu mir bekehrt. Ich bin euer Gott, und ich bin Sieger. Und es werden Quellen in der Wüste aufbrechen, und wenn auch eure Hände blutig sind vom Graben, die Quellen werden aufbrechen. Und die Menschen werden kommen und von dem Wasser trinken. Und sie werden Gott preisen, weil ihr geglaubt habt. Und es wird ein neuer Lobpreis aufbrechen in diesem Land. Und ihr werdet euren Gott preisen, weil er euch errettet hat. Ich bin euer Gott, und ihr seid mein Volk. Und ich bin Sieger, ich, euer Gott.'"

Diese Worte sprach am 5. März 1980 im Saal des Priesterseminars in Zagreb anläßlich eines Seminars für die Erneuerung im Geiste der deutsche Priester DDr. Heribert Mühlen, Professor für Dogmatik an der Theologischen Fakultät in Paderborn, der zuständig ist für die charismatische Bewegung in Deutschland.

Es ist mir nicht bekannt, wie die Hörer diese Worte aufgenommen haben. Heute, elf Jahre später, bin ich der Meinung, daß wir seine Worte als eine wahrhaft inspirierte Prophezeihung annehmen dürfen, die durch Medjugorje und die Botschaften, die uns die Mutter Gottes dort gibt, schon in Erfüllung geht.

Die Mutter Gottes erscheint

Bijakovići ist ein großes, weitverstreutes Dorf, verloren im Karst der Herzegowina, am Fuße des Berges

Crnica und gegenüber dem Križevac, einem etwas höheren Berg, auf dessen Gipfel ein Betonkreuz gut sichtbar ist. Die Einwohner nennen den unteren Teil des Crnica Podbrdo, und genauso auch den Ortsteil unterhalb des Berges.

Es ist Mittwoch, der 24. 6. 1981. Den Tag des Johannes des Täufers feiert man noch immer als Festtag. Die Leute arbeiten nicht, sondern plaudern miteinander im Schatten ihrer Höfe. Es ist später Nachmittag, aber die glühende Hitze läßt nicht nach, denn die Gesteine, von der Sonne erhitzt, strahlen die Hitze ab, so daß auch die Nächte kaum Abkühlung bringen.

Ivanka und Mirjana, zwei Gymnasiastinnen, die eine aus Mostar und die andere aus Sarajevo, waren erst vor kurzem bei den Verwandten eingetroffen, um hier ihre Ferien zu verbringen. Sie gingen einen Weg entlang, der etwas außerhalb des Dorfes liegt, und plauderten miteinander. Ivanka wandte ihren Blick zufällig auf den Berg und erblickte dort etwas Glänzendes.

„Schau! Die Gospa auf dem Berg!" („Gospa" ist die kroatische Bezeichnung für die Mutter Gottes, entsprechend dem Wort Madonna.)

„Schweig lieber, es könnte jemand hören, was du da sagst! Wie könnte die Gospa uns erscheinen!?" - Und sie gingen nach Hause.

Etwas später bat Milka, die in der Nachbarschaft wohnte, die beiden, sie bei der Suche nach den Schafen zu begleiten. Sie gingen denselben Weg am Fuße des Berges entlang. Ivanka wandte sich wieder um und blickte zum Berg hinauf.

„Schau, die Gospa ist wieder da!" Und sie zeigte mit dem Finger bestimmt auf den Berg. Da erblickten auch Mirjana und Milka die Erscheinung, die nun etwas höher auf dem Berg zu sehen war und die etwas im Arm hielt, das einem Kind ähnelte. Alle drei standen sprachlos da. Da kam Vicka den Weg entlang, und die Mädchen riefen ihr zu, sie möge sich zu ihnen gesellen.

„Was ist los? Ist dort eine Schlange?"

„Nein, keine Schlange!" Vicka lief auf sie zu, aber beim Anblick der Erscheinung erschrak sie so sehr, daß sie vor lauter Angst die Schuhe auszog und in Strümpfen davonlief. Nach zwei oder drei Minuten kam sie jedoch wieder zurück.

Nun kam auch Ivan Dragičević mit einem älteren Jungen hinzu. Die beiden erblickten die Gospa. Ivan erstarrte vor Angst und ließ die Tasche aus der Hand fallen. Er lief davon und kam nicht wieder zurück. Auch die Mädchen kehrten aufgeregt nach Hause zurück. Doch wem immer sie auch von der Erscheinung erzählten, der lachte sie nur aus.

So hat das Geschehen begonnen, das nicht nur Bijakovići und die Herzegowina, sondern die ganze Welt bewegen und verändern soll.

Medjugorje

Das Dorf Bijakovići gehört der Pfarre Medjugorje, im westlichen Teil der Herzegovina gelegen, an. Es ist das Gebiet auf der rechten Seite des Flusses Neretva. Medjugorje befindet sich in der Nähe der Straße

Mostar-Ljubuški, ist etwas weniger als dreißig Kilometer von Mostar entfernt und gehört zur nahegelegenen Gemeinde Čitluk.

Es ist ein Karstgebiet, reich an Gestein, aber arm an Wasser und Vegetation. Es gibt keine Quellen und auch keine Brunnen. Die Leute sammeln das Regenwasser in Zisternen. Das Volk ist relativ arm. Es lebt vom Ertrag seiner nicht allzugroßen Äcker und Felder, die hauptsächlich mit Wein und Tabak bepflanzt sind. Erst in jüngerer Zeit finden die Menschen mehr Arbeitsmöglichkeiten in der Umgebung. Viele gingen als Gastarbeiter ins Ausland. In den letzten Jahren pflanzten die Menschen immer weniger Tabak, weil er beim Verkauf an staatliche Firmen schlecht bezahlt wurde.

In der Herzegowina wie auch in Bosnien haben Jahrhunderte lang die Türken geherrscht, Terror ausgeübt und unauslöschliche Spuren hinterlassen. Hier ist ein Gemisch aus Völkern und Religionen entstanden: Katholiken und Orthodoxe, Kroaten und Serben sowie Moslems. Hier treffen sich Ost, West und Orient: die Orthodoxie, der Katholizismus und der Islam. Es scheint, als hätte die Mutter Gottes keinen geeigneteren Ort finden können, um uns ihre Botschaft des Friedens zu geben, die Botschaft von Vergebung und Versöhnung, in der sie betont, daß alle, Katholiken, Orthodoxe und Moslems, ihre Kinder sind.

Aber die Westherzegowina ist das reinste kroatische und katholische Gebiet. Erst in neuester Zeit kamen andere Nationen und Religionen hinzu, jedoch sie bilden nur eine geringe Minderheit. In religiöser

Hinsicht ist dieses Volk seinem Glauben wahrscheinlich treuer geblieben als alle anderen Kroaten. Alle Pfarreien dieser Gegend werden von alters her von herzegowinischen Franziskaner-Patres betreut, die volkstümlich „Fratri" (= Mehrzahl, in der Einzahl „Fratar", abgekürzt „Fra") genannt werden und hier mehrere Klöster haben. Durch ihre Pastoraltätigkeit haben sie hier am meisten dazu beigetragen, daß dieses Volk seinen Glauben bewahrt hat und ihn noch heute praktiziert.

Weitere Erscheinungen der Mutter Gottes

Am Donnerstag, dem 25. Juni 1981, gingen Ivanka und Mirjana ungefähr um dieselbe Zeit, etwa um 18.30 Uhr, zur gleichen Stelle. Nach ihnen kamen noch Vicka und Ivan. Sie riefen noch Jakov und Marija, Milkas ältere Schwester, herbei. Milka kam nicht, und sie sah die Mutter Gottes auch nicht wieder. Es kamen auch mehrere Leute aus dem Dorf hinzu. Die Kinder sahen am Berg wieder die Gospa, die ihre Hände ausgebreitet hatte und ihnen ein Zeichen gab, näher zu kommen. Alle liefen schnell hinauf.

Die Kinder kamen zur Gospa, sanken auf die Knie und begannen zu beten. Vor Erregung haben alle geweint. Ivankas Mutter war vor etwa zwei Monaten gestorben. Deshalb fragte Ivanka die Mutter Gottes, wie es ihrer kranken Mutter geht. Die Gospa antwortete: „Es geht ihr gut. Du sollst dir keine Sorgen um deine Mutter machen." Sie fragte noch die Mutter

Gottes, ob sie auch morgen kommen werde. Ja, sie würde kommen. Die anwesenden Personen aus dem Dorf sahen, wie die Kinder sprachen, hörten aber nichts. Sie sahen nur, wie der Himmel aufleuchtete.

Am Freitag hatte sich schon ziemlich viel Volk versammelt. Wieder befanden sich die Kinder am Fuße des Berges. Der Himmel leuchtet dreimal auf. Das Licht fiel auf die andere Seite des Berges. Dort, wo die Mutter Gottes am Tag zuvor erschienen war, befindet sich ein schmaler Pfad. Hier aber, etwa 200 Meter weiter, gab es nur Gestein und Löcher, Gras, Gestrüpp und Dornensträucher. Die Seher begannen durch dieses unwegsame Gestein zu laufen, und wie von Flügeln getragen, eilten sie der Gospa entgegen, und dies auf einem Gelände, wo es normalerweise äußerst schwer ist, auch nur langsam vorwärtszukommen. Wie durch ein Wunder hatte sich keiner von ihnen dabei verletzt.

Vicka besprengte die Erscheinung mit Weihwasser und Salz und sagte: „Im Namen des Vaters und des Sohnes und des Heiligen Geistes! Wenn du die Mutter Gottes bist, bleib da. Wenn du es aber nicht bist, geh weg!" Die Gospa aber lächelte nur. Dann fragte Mirjana nach ihrem verstorbenen Großvater und Ivanka abermals nach ihrer Mutter. Sie fragten die Gospa auch, warum sie denn gerade zu ihnen komme, wo sie doch wie alle anderen wären, eben nichts Besonderes. Die Gospa antwortete, sie wähle nie die Besten aus. Sie will unter Gläubigen sein. Sie will, daß das Volk sich bekehrt und auf den rechten Weg zurückkehrt, solange es noch Zeit ist. Die Kinder verlangten von der Mutter Gottes noch ein Zeichen, um von den Leuten nicht verhöhnt zu werden.

Mirjana fragte die Erscheinung noch, wer sie denn sei und wie sie heiße. Die Gospa sagte: „Ich bin die selige Jungfrau Maria."

Nach der Erscheinung eilte die Seherin Marija Pavlović nach Hause, während die anderen Seher zurückblieben. Und als sie zu einer kleinen Senke kam, Lokvetina (=Lache) genannt, sah sie die Gospa wieder. Sie war aber sehr traurig, und hinter ihr war ein großes, dunkles Kreuz sichtbar. Sie weinte und sagte: „Friede, Friede und nur Friede!" Dann sagte sie zweimal weinend: „Friede muß zwischen Gott und Mensch herrschen, aber auch unter den Menschen!" Die Gospa betete, und Marija betete mit ihr. Nach einer Weile verschwand die Gospa wieder.

Da kamen auch die anderen Seher. Sie meinten, daß Marija sich nicht wohl fühle. Sie nahmen sie bei der Hand und gingen nach Hause. Erst da erzählte Marija ihnen, was sie erlebt hatte. – Das war der Tag, als die Mutter Gottes zum erstenmal mit den Sehern um den Frieden betete. Und das, was sie da sagte, ist der Kern ihrer Botschaften. Alles andere, wie Gebet, Fasten und Buße sind nur Hilfsmittel, um diesen Frieden zu erlangen. (J.Bubalo: Ich schaute die Gottesmutter, S. 67)

Während der Erscheinung am Samstag sagte Mirjana: „Man wirft uns vor, daß wir lügen, daß wir Rauschgift genommen haben oder Epileptiker sind."

„Meine Kinder, in der Welt gibt es immer Unrecht, so auch hier. Achtet nicht darauf!", sagte die Mutter Gottes.

Am Samstag hatte sich eine so große Menschenmenge versammelt, wie kaum jemals bei einer religiösen Veranstaltung in der Herzegowina zuvor.

Bei der Erscheinung schwebte die Gospa ca. 30 cm über dem Boden auf einer kleinen Wolke. Sie war sehr schön, schlank und etwa 160 cm groß. Jakov sagte in seiner kindlichen Art: „Nie habe ich eine schönere Frau gesehen!" Die Gospa ist meistens mit einem grauen, langen Gewand bekleidet, das auch die Füße bedeckt. Es ist unmöglich, die Farbe exakt zu beschreiben. Ein weißer Schleier bedeckt den Kopf und reicht bis zum Boden. Auf dem Kopf trägt sie eine Krone, die glänzt, als sei sie aus Sternen zusammengesetzt. Ihre Augen sind blau, die Wimpern schwarz, der Mund klein und rot, die Wangen rosig und die schwarzen Haarlocken sind unter dem Schleier sichtbar. Sie ist jung, etwa 20 Jahre alt, und sie spricht mit einer sanften Stimme. Der Tonfall der Stimme ist kaum zu beschreiben – wie Musik oder Gesang oder Glockengeläute. Bei besonderen Anlässen kommt die Gospa auch anders gekleidet, z. B. in goldenem Gewand.

Jemand hat die Seher gefragt, welche Sprache denn die Gospa spreche. Sie meinten: „Kroatisch, natürlich!" Die Seher sagten auch, die Mutter Gottes spreche eine schöne kroatische Sprache, nicht so wie sie, also nicht im Dialekt.

Sie zu sehen, bereitet unsägliche Freude. Jakov: „Wenn ich jetzt auch sterben müßte, würde ich es nicht bedauern, denn ich habe die Gospa gesehen!" Mirjana: „Und dann dieses sehnsüchtige, ungeduldige Erwarten! Wir schauen immer auf die Uhr und zählen die Minuten, ob es nicht schon an der Zeit wäre, mit dem Beten zu beginnen. Und dann die Angst, wir hätten vielleicht etwas angestellt, so daß sie nicht mehr erscheinen wird. Es ist eine große Freude, wenn wir sie erblicken. Wenn ich bei ihr bin, würde ich am liebsten vor Freude und Ergriffenheit weinen."

Vor der zweiten Erscheinung riet Mirjanas Großmutter den Kindern, sieben Vaterunser, Ave Maria und Ehre sei dem Vater zu beten. Sie taten es. Nachdem sie gebetet hatten, erschien ihnen die Mutter Gottes. Seitdem beten sie immer vor der Erscheinung diese Gebete, so lange, bis die Mutter Gottes erscheint.

Sie haben die Gospa gebeten, dem ganzen Volk zu erscheinen, damit alle sie sehen könnten. Sei erwiderte nur: „Selig, die nicht sehen und doch glauben! Sie sollen so glauben, als würden sie mich sehen!"

Die Befragung der Seher

Der Pfarrer, Fra Jozo Zovko, war zu dieser Zeit nicht zu Hause. Er hielt für die Franziskanerinnen in Kloštar-Ivanić, südöstlich von Zagreb, Exerzitien ab. Während seiner Abwesenheit wurde das Genossenschaftsheim in Medjugorje vom Blitz getroffen und brannte völlig nieder. In diesem Gebäude waren das Postamt und der Disco-Club untergebracht. Die Mutter Gottes hat vor ihrem Kommen das Terrain gesäubert.

Fra Jozo Zovko kam am Samstag, dem 27. Juni etwa um die Mittagszeit nach Hause. Erst hier erfuhr er von den Erscheinungen. Gleich am Nachmittag befragte er die Seher. Das war keine leichte Aufgabe. Er war erst vor ungefähr acht Monaten als Pfarrer nach Medjugorje gekommen und kannte die Leute nicht. Von den Sehern kannte er keinen, und auch ihre Eltern nicht. Er befürchtete, Mirjana hätte aus Sarajevo Rauschgift mitgebracht, so daß die Erscheinungen das Resultat des Drogengenusses sein könnten. Er hatte auch Angst, er könnte dafür zur Verantwortung gezogen werden. In den darauffolgenden Tagen fragte er die Kinder noch mehrere Male aus.

Am Samstag Nachmittag, nachdem die Kinder beim Pfarrer gewesen waren, kamen Beamte des SUP (Polizei) und holten die Seher nach Čitluk, um sie zu verhören und einer ärztlichen Untersuchung zu unterziehen.

Am Sonntag bemerkte der Pfarrer, daß das Volk seiner Predigt mit viel mehr Aufmerksamkeit zuhörte als es sonst der Fall war. Er versuchte eine Übersicht der Offenbarung Gottes durch die Geschichte hindurch zu geben und betonte dabei die Rolle der Kirche, die ein Erbe der Offenbarung und Verheißung Gottes ist. Er erwähnte dabei die Erscheinungen der Mutter Gottes in Lourdes, Fatima und anderenorts, sagte aber kein Wort über die Erscheinungen auf dem Podbrdo. Er betonte, daß es ein Aufruf des Himmels an die Menschen war, die die göttlichen Werte, die Würde des Menschen und ihre Aufgabe in dieser Zeit vergessen hätten.

Im Gespräch mit den Leuten versuchte er etwas

mehr über die Seher und ihre Familien zu erfahren, jedoch mit nur geringem Erfolg. Am Nachmittag ging er nicht auf den Berg der Erscheinung, sondern betete in der Kirche, und ebenso auch in den folgenden Tagen.

Am Montag, dem Fest des hl. Petrus und Paulus, kamen wieder die Beamten aus Čitluk, holten alle Seher in Begleitung ihrer Eltern oder Verwandten ab und brachten sie nach Mostar zu einer psychiatrischen Untersuchung. Am Abend fanden sich wieder alle Seher am Berg ein und erlebten inmitten einer großen Volksmenge die Erscheinung der Mutter Gottes.

Am Dienstag, dem 30. Juni, luden zwei junge Frauen, offensichtlich in einem höheren Auftrag, die Seher zu einer Fahrt mit dem Auto durch die Herzegowina ein. Sie taten es so, daß die Seher nicht merkten, worum es ging. Man wollte überprüfen, ob die Seher auch anderswo die Erscheinung haben werden, wenn man sie vom Berg fernhält. Es fuhren alle mit, außer Ivan. Auf der Rückfahrt kamen sie etwa um 18.00 Uhr nach Cerno, zwischen Ljubuški und Medjugorje gelegen.

Als sie zu einer Stelle kamen, von wo der Berg von Bijakovići sichtbar war, riefen alle Seher auf einmal: „Stop!" Als das Auto am Rande der Straße anhielt, stiegen alle aus, und die fünf Seher fielen alle gleichzeitig auf die Knie und begannen zu beten. Eine der jungen Frauen wollte sich eine Zigarette anzünden. Auf einmal erschien vor ihnen eine Lichtsäule und ein Licht durchflutete sie alle. Die Kinder erlebten die Erscheinung genauso wie an den Tagen vorher auf dem Berg. Die Frauen wurden von Angst erfaßt und die Zigarette fiel ihnen aus der Hand. Es war ihnen, als würde die Sonne auf sie herniederstürzen. Nach der Erscheinung konnten sie noch die Seher zur Kirche bringen, und dann suchten sie gleich den Pfarrer auf und erzählten ihm alles.

Am Mittwoch, dem 1. Juli nachmittags, stürzten die Kinder auf der Flucht vor der sie verfolgenden Polizei geradewegs in die Arme von Pater Zovko, der, einer inneren Stimme folgend, aus der Kirche getreten war. Er versteckte sie in einem Zimmer im Pfarrhaus, und hier erschien den Kindern wieder die Mutter Gottes.

Die Seher wurden mehrmals nach Čitluk zum Verhör geführt. Als es den Behörden nicht gelang, sie von den Ärzten als psychisch krank oder vom Rauschgift abhängig erklären zu lassen, versuchten sie, sie durch Drohungen dazu zu zwingen, nicht mehr auf den Berg zu gehen und von den Erscheinungen zu sprechen. Die Beamten des SUP befragten auch ihre Eltern und viele Dorfbewohner sowie auch die Franziskaner. Sie drohten allen, allerdings ohne Erfolg. Die Milizen hielten Wache vor den Häusern der Seher, um sie daran zu hindern, auf den Berg zu gehen. Deshalb flüchteten diese durch die Fenster und versteckten sich an den verschiedensten Orten, um von der Miliz nicht erfaßt zu werden.

Einmal wurde ein Arzt beauftragt, sich mit den Sehern zu unterhalten, damit diese vergäßen, auf den Berg zu gehen. Alles ging gut bis zum Zeitpunkt der Erscheinung. Dann liefen alle unaufhaltsam auf den Berg hinauf, und zuletzt folgte ihnen auch der Arzt.

Vom Berg in die Kirche

In diesen Tagen sagte der Pfarrer Jozo Zovko einmal zu den Sehern: „Kinder, bittet die Mutter Gottes und fragt sie, ob sie nicht auch in der Kirche erscheinen würde!" Oben am Berg kann man das alles nicht organisieren, was die Gospa wünscht. Man kann weder die hl. Messe feiern noch predigen und die Beichte hören. Die Seher haben ihr Anliegen der Gospa wahrscheinlich bei Cerno vorgebracht. Die Antwort der Gospa lautete: „Gut, ich werde in der Kirche erscheinen." Damit entstand allerdings ein neues Problem: Wie werden wir es dem Volk mitteilen? Da sagte Jakov im Namen aller: „Fra Zovko, wir haben den Leuten nicht gesagt, daß sie auf den Berg gehen sollen! Sie stören uns nur. Wir haben es lieber, wenn wir allein sind. Dann sprechen wir leichter mit der Gospa. Die Leute bedrängen uns, bedrängen die Gospa und treten ihr auf den Mantel, so daß sie fliehen muß. Wenn sie aber will, daß die Leute in die Kirche kommen, wird sie schon selbst sorgen, daß es so geschieht, wie auch auf dem Berg!"

Jakov hatte recht. Ohne besondere Ankündigung war am Donnerstag, dem 2. Juli, der Platz um die Kirche schon um ca. 13.00 Uhr voll von Menschen. Je weiter die Zeit vorrückte, desto mehr kamen hinzu. Einige gingen auf den Berg, die anderen blieben. Bald kamen die Menschen vom Berg wieder zurück. Am Abend waren die Kirche und der Platz vor der Kirche voll.

Fra Jozo bereitete in aller Eile seine Predigt vor.

Die Seher beteten vor der hl. Messe den Rosenkranz vor. Da erschien die Mutter Gottes in der Kirche über dem ganzen Volk. Die Seher behaupteten, zu diesem Zeitpunkt hätte sie auch Pfarrer Zovko gesehen. Während der hl. Messe predigte er über die Bekehrung und über die Wege, die zu Gott führen: Buße, Fasten und Gebet. Die Menge hörte zu, saugte geradezu das Wort Gottes in sich auf, das in ihr einen neuen Geist und ein neues Herz schuf.

Wie vom Heiligen Geist inspiriert, stellte Pater Zovko dann die Frage: „Wollt ihr mit Liebe die Gnade Gottes annehmen und mit Freude drei Tage bei Brot und Wasser fasten und in diesen Tagen nichts anderes essen zum Zeichen eurer Bekehrung und Buße, und auch um die Macht Satans und der bösen Geister von uns abzuwenden?" Laut, wie aus einem Munde, erscholl die Antwort: „Ja, wir wollen es!" - „Wollt ihr jeden Tag in euren Häusern, in euren Familien beten?" - „Ja, wir wollen es!" - „Wollt ihr jeden Tag in euren Familien die Bibel lesen?" - „Ja, wir wollen es!" Der Pfarrer fühlte nun, wie etwas zersprang und etwas Neues in das Leben und die Seelen des anwesenden Volkes einströmte; daß diese Menge „Ägypten verlassen hatte" und dem verheißenen Land entgegenging.

Nach der Predigt bekannten alle feierlich ihren Glauben, sagten dem Satan ab und erneuerten ihr Taufgelübde. Nach der hl. Messe haben die Seherkinder zum erstenmal in der Kirche und vor dem ganzen Volk öffentlich und laut Zeugnis davon gegeben, wie sie die Mutter Gottes geschaut haben; und sie überbrachten ihre Botschaften. Später haben

Fra Jozo Zovko

sie das noch oft getan. Ihr Zeugnis war überzeugender, lebendiger und unmittelbarer, als wenn es von jemandem anderen gesprochen worden wäre. Die Menschen hörten aufmerksam zu, die Gnade wirkte in ihren Seelen.

Nach dem Gottesdienst erklärte der Pfarrer: „Die Mutter Gottes ist da! Hier könnt ihr eure Gebete und Gelübde verrichten. Hier sollt ihr sie suchen!" Die Menschen beteten dann sieben Vaterunser, Gegrüßet seist du, Maria, Ehre sie dem Vater und das Glaubensbekenntnis und einen Teil des Rosenkranzes. Alle wollten weiterbeten und blieben so bis Mitternacht. Dann mußte sie der Pfarrer ermahnen, nun doch nach Hause zu gehen und am nächsten Tag wiederzukommen.

Das war der Tag und die Stunde der Bekehrung der Pfarre und aller Anwesenden, die erste Welle der Bekehrungen, der so viele weitere folgten und die bis heute andauern. In Medjugorje und seiner Umgebung haben daraufhin alle Menschen drei Tage gefastet. Man hat aufgehört zu kochen, man begann zu beten, zu weinen, Opfer zu bringen und zu beichten.

Keine Kantine in den Fabriken war in Betrieb, ebenso auch kein Gasthaus. Die Menschen nahmen sich vor, sich das Fluchen abzugewöhnen. Unter sich haben sie vereinbart: Jeder, der flucht, muß eine Strafe zahlen. Später brachten sie das Geld dem Pfarrer für die Kirche.

So haben die Abendmessen in Medjugorje begonnen. Und jeden Tag kamen immer mehr Leute. Das Leben der Pfarrangehörigen änderte sich grundlegend. Mit dem Aufhören des Fluchens verschwanden auch Streit, Feindschaften und viele andere Sünden. Die Seher sahen noch einige Male die Mutter Gottes in der Kirche bei der Empore. Später gingen sie, dem Wunsch der Mutter Gottes entsprechend, nach der hl. Messe und den Gebeten auf den Podbrdo, um dort die Erscheinung zu erleben. Als das Volk in immer größerer Zahl auf den Berg kam, trafen sich die Seher an verschiedenen Stellen des Feldes unterhalb des Dorfes oder im Wäldchen und später in den Häusern der einzelnen Seher. Ein jeder wünschte, daß die Gospa in sein Haus komme. Doch am häufigsten erschien sie im Haus des jüngsten und ärmsten Sehers, Jakov, unten, am Ende des Dorfes. Ab Februar 1982 erschien die Gospa regelmäßig beim Altar der kleinen Kapelle der Pfarrkirche, gegenüber der Sakristei.

Eine Menge von Pilgern kam täglich von allen Seiten herbeigeströmt, besonders jedoch an Samstagen und Sonntagen. Wegen der vielen Autos hatte die Volksmiliz (Polizei) im Sommer 1981 eine besondere Regelung eingeführt. Alle Verkehrsmittel mußten ein bis zwei Kilometer von der Kirche entfernt parken, so daß um die Kirche eine Atmosphäre des Friedens und der Einkehr herrschte, wie geschaffen für eine persönliche Begegnung mit Gott in der Beichte, im Gebet und in der hl. Kommunion. In Medjugorje und seiner Umgebung fasteten beinahe alle, sogar die Kinder. Es geschahen wunderbare Veränderungen im Leben der Menschen. Viele brachten überzeugende Beweise über körperliche Heilungen auf die Fürbitte der Mutter Gottes. Die Pilger erhielten Essen und Schlafmöglichkeiten kostenlos bereitgestellt. Es gab immer mehr Bekehrungen.

In Medjugorje ist ein neues Wallfahrtszentrum entstanden, zu dem unübersehbare Ströme von Pilgern kommen. Es bot aber damals keinen Komfort. Es gab auch keine Getränke zu kaufen, was bei der dort herrschenden Hitze doch notwendig gewesen wäre. Nur die Zisterne mit dem Regenwasser im Pfarrhof stand zur Verfügung, und auch da mußte noch ein Schild angebracht werden: „Nur zum Trinken! Wasser sparen!"

Am Berg wurden an der Stelle der Erscheinung damals zwei einfache Holzkreuze aufgestellt. Die Pilger haben alles Gras und Gestrüpp ausgerissen, ja, sogar Erde und Gestein ausgegraben, um es als teures Andenken mitzunehmen. Auf dem Gestein am Berg fanden sich sehr viele Inschriften: Gebete, Fürbitten und Empfehlungen der Kranken an die Mutter Gottes. Der ganze Berg glich einer großen Pilgerkirche, übersät mit Danksagungen und Bitten des Volkes.

Behördliche Verbote

Am 12. August 1981 wurden Wachtposten des Zivilschutzes und der Milizen aufgestellt. Seitdem war der Zugang zum Berg der Erscheinung und den Križevac verboten.

Die Behörden verlangten von Pfarrer Fra Jozo Zovko, keine Abendmessen mehr zu zelebrieren und nachmittags die Kirche zu schließen, worauf er jedoch nicht einwilligen wollte. Am 17. 8. 1981 kamen in aller Früh Beamte des SUP und verhafteten Pfarrer Fra Zovko und Fra Ferdo Vlašić, den Redakteur der Zeitschrift „Naša Ognjišta", der den Franziskanern in Medjugorje zu Hilfe gekommen war. Beide wurden zu Gefängnisstrafen verurteilt und Fra Zovko verbrachte 18 Monate im Arrest. Vorübergehend wurden auch alle anderen im Pfarrhaus verhaftet. Das Pfarrhaus und die Kirche wurden den ganzen Tag durchsucht. Alles Geld, hauptsächlich Meßstipendien, einige Spenden von Gläubigen und das Haushaltsgeld wurde beschlagnahmt und mitgenommen. Später wurde dieses Geld wieder zurückerstattet.

Die Behörde hatte sich entschlossen, von diesem Tag an die Abendmessen zu verbieten, die Kirche zu schließen und so die Wallfahrten abzuschaffen. Und es wäre gelungen, wenn alles nur von der Obrigkeit der Kirche und deren Bestimmungen abhängig gewesen wäre. Es kam aber anders. An diesem Nachmittag, wie auch jeden Tag, kam eine Schar von Pilgern. An der Brücke war die Straße gesperrt. Die Milizen standen an der Brücke, ließen niemanden passieren und gaben allen zu wissen, daß es keine Abendmesse mehr gäbe. Alle sollten zurückkehren, und das hätte auch Fra Zovko so bestimmt. Die Menschen hörten zu, aber keiner ging zurück, alle blieben und warteten. Es kamen immer mehr Menschen hinzu. Schließlich staute sich an der Brücke eine große Menge. Gegen 17 Uhr wollten einige schon vor der Brücke und vor dem ausgebrannten Genossenschaftsheim mit dem Beten beginnen.

Und da geschah das „Wunder": Die Behörde kapitulierte, die Wachposten wurden zurückgezogen, und die Menschen schritten einmütig in einer Prozession der Kirche zu, betend und religiöse Lieder singend. Es fanden sich auch einige Franziskaner, die von auswärts gekommen waren. Sie haben Beichte gehört und einer von ihnen zelebrierte die hl. Messe. Schon am nächsten Tag kam anstelle des verhafteten Pfarrers Fra Tomislav Vlašić, der vorher Pfarrer in Capljina war. Auch ihn wollten die Behörden dazu bringen, mit der Abendmesse aufzuhören, allerdings ohne Erfolg.

Die Botschaften der Mutter Gottes

Bei jeder Erscheinung ist die Botschaft das Wichtigste. In Medjugorje gab die Mutter Gottes ihre Botschaften schon in den ersten Tagen der Erscheinung. Sie ruft vor allem zur Bekehrung auf und betont, daß sich der Mensch nicht nur einmal, sondern immer aufs neue bekehren soll. So gibt sie uns zu wissen, daß die Bekehrung nicht das Werk einer Stunde oder eines Tages ist, sondern das Werk eines ganzen Lebens. Und sie betont auch, daß uns nicht unbegrenzt Zeit bleibt. Sie sagt: „Solange es noch Zeit ist!"

Die erste Frucht der Bekehrung ist und muß der Friede sein, der Friede mit uns selbst, der Friede zwischen den einzelnen Menschen, den Familien, den Gemeinschaften wie auch zwischen den Völkern und den Staaten. Aber ohne den Frieden in uns, also ohne den Frieden mit unserem Gewissen, ohne den

Frieden mit Gott, kann es keinen Frieden unter den Menschen geben. Die Mutter Gottes verlangt, daß sich jeder mit jedem versöhnt, auf allen Ebenen und in allen Richtungen, und keiner ist von dieser Forderung ausgeschlossen. Es gibt keine Versöhnung ohne Vergebung aller Schuld und des zugefügten Unrechts. In den ersten Julitagen 1981, als die Gospa diese Botschaft mitteilte, war am Abend über dem Berg Križevac und dem Betonkreuz am Himmel in großen, feurigen Buchstaben das Wort „MIR" (= Friede) zu lesen.

Um die Bekehrung, den Frieden, die Versöhnung und die Vergebung zu verwirklichen, sind folgende Mittel notwendig: Gebet und Buße. Von der Buße erwähnt die Mutter Gottes besonders das Fasten und verlangt, wenigstens einmal in der Woche bei Wasser und Brot zu fasten. Später verlangte sie von den Menschen, zweimal wöchentlich zu fasten. Im März 1991 verlangte sie das Fasten dreimal in der Woche: am Montag, am Mittwoch und am Freitag. In ihren Botschaften spricht sie am häufigsten über das Gebet und verlangt als Minimum des christlichen Lebens sieben Vaterunser, Ave Maria, Ehre sei dem Vater und das Glaubensbekenntnis zu beten, und dann noch den Rosenkranz. Später forderte sie noch, täglich alle drei Rosenkränze zu beten: die freudenreichen. die schmerzhaften und die glorreichen Geheimnisse, also alle fünfzehn Geheimnisse. Und, um die Wichtigkeit und Notwendigkeit des Gebets noch mehr zu unterstreichen, betet sie bei der Erscheinung mit den Sehern regelmäßig alle Gebete außer dem Ave Maria. Sogar während der Erscheinung beginnt sie das Vaterunser zu beten, das dann mit ihr zusammen nicht nur die Seher beten, sondern alle Anwesenden. Mehrmals hat sie betont und wiederholt: „Mit dem Gebet erreicht man alles."

Und noch etwas: Mehrmals gab sie uns zu verstehen, daß alle Menschen ihre Kinder sind, nicht nur die Katholiken, sondern auch die Orthodoxen, die Moslems und Menschen anderer Konfessionen, eben alle Menschen ohne Ausnahme, ohne Unterschied und ohne Einschränkung. Demgemäß sind auch ihre Botschaften an alle gerichtet. Und tatsächlich kamen zu ihr nach Medjugorje schon seit Beginn auch Angehörige anderer Religionen, zuerst Orthodoxe und Moslems, später auch noch viele andere, ja, sogar Buddhisten.

Den Priestern ließ die Gospa ausrichten: „Sie sollen fest glauben und den Glauben ihres Volkes behüten!" Und weiter: „Macht das gut, was eure Pflicht ist und was euch die Kirche aufträgt!"

Die Mutter Gottes hat, auf die Bitte der Seher, mehrmals versprochen, ein großes, bleibendes Zeichen auf dem Berg der Erscheinung zu setzen. Das Zeichen wird bleibend, greifbar und für alle sichtbar sein. Es wird von anderen wunderbaren Zeichen und vielen wunderbaren Heilungen begleitet sein. Viele aber bezeugen, daß sie in Medjugorje, aber auch bei der Rückfahrt, weit von Medjugorje entfernt, verschiedene geheimnisvolle Zeichen gesehen haben.

Die meisten Zeichen geschehen am Berg Križevac: das Betonkreuz dreht sich, einmal schneller einmal langsamer. Man sieht, wie die Querstangen des Kreuzes verschwinden und wieder erscheinen, so daß man den Eindruck hat, das Kreuz würde sich drehen. Dabei leuchtet das Kreuz auch oft. Oder man sieht, wie ein weißes Licht aufleuchtet und allmählich das Kreuz verbirgt; an dessen Stelle wird dann die Gospa sichtbar. Oder man sieht die Mutter Gottes neben dem Kreuz. Es gibt auch verschiedene andere Phänomene. Oft sieht man die Zeichen an der Sonne, ähnlich dem Sonnenwunder von Fatima während der letzten dortigen Erscheinung der Mutter Gottes. Auf die Frage, was diese Zeichen zu bedeuten hätten, antwortete die Gospa: „Das sind die Vorzeichen für die, die nicht glauben."

Ende August 1981 fragten die Seher auf Wunsch eines Priesters die Mutter Gottes, welchen Namen sie noch habe. Sie sagte: „Ich bin die Königin des Friedens." Irgendwann um Ostern 1982 sagte sie, es sei ihr Wunsch, daß man den 25. Juni, den Tag, an dem sie zum erstenmal mit den Sehern gesprochen hat, als Fest der Königin des Friedens feiere.

Am Fest der Unbefleckten Empfängnis, am 8.12.1981, haben die Kinder die Gospa freudig und jubelnd erwartet, sie kam aber ernst, kniete mit ausgebreiteten Armen nieder und betete: „Mein inniggeliebter Sohn, ich bitte dich, verzeihe der Welt die schweren Sünden, durch die sie dich beleidigt haben . . ." Sie betete einige Zeit und sagte dann, sie bete jeden Tag auf dem Berg Križevac vor dem Betonkreuz zu ihrem Sohn, er solle der Welt die Sünden verzeihen.

Die anvertrauten Geheimnisse

Die Mutter Gottes hat den Sehern versprochen, jedem einzelnen insgesamt zehn Geheimnisse anzuvertrauen. Die ersten drei hat sie allen zusammen anvertraut, später noch einige jenen Sehern, die gerade beisammen waren. Weitere Geheimnisse gab sie ihnen vereinzelt, so daß es scheint, daß zumindest einige Geheimnisse nicht für alle gleich sind, sondern daß jeder eigene erfahren hat, die sich von den anderen unterscheiden. Zehn Geheimnisse haben bis jetzt nur Mirjana und Ivanka erfahren, die keine regelmäßigen Erscheinungen mehr haben. Die Geheimnisse beinhalten zukünftige Geschehnisse, und man könnte sie in drei Gruppen teilen: Die erste Gruppe betrifft die ganze Menschheit, die zweite die Pfarre Medjugorje und die dritte die einzelnen Seher. Die Seher dürfen noch immer nicht über die Geheimnisse sprechen.

Herbst 1981

Die Mutter Gottes zeigte den Sehern das Paradies, und wenigstens drei von ihnen haben auch die Hölle und das Fegefeuer gesehen. Dabei sagte sie: „Ich zeige es euch, damit ihr wißt, welche Belohnung auf die wartet, die nach dem Willen Gottes leben und welche Strafe auf jene wartet, die ihm nicht gehorchen wollen." Im Herbst 1981, anläßlich einer Erscheinung in Jakovs Haus, nahm die Mutter Gottes Vicka und Jakov einfach an der Hand und führte sie

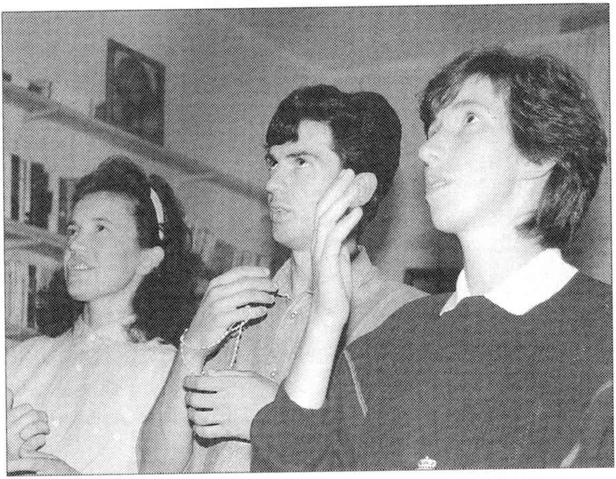

Vicka, Ivan und Marija

in das Paradies, und sie waren für zwanzig Minuten verschwunden. Jakovs Mutter suchte sie während dieser Zeit, aber sie waren nicht im Zimmer. Etwas später aber waren sie wieder da. Etwas Ähnliches erlebte später auch Ivan im Knabenseminar in Dubrovnik.

Seit dem Jahre 1933, als am Križevac zur Erinnerung an den Tod Jesu vor 1900 Jahren ein Kreuz errichtet wurde, wird dort im September, am Sonntag nach dem Fest Mariä Geburt, ein feierlicher Gottesdienst abgehalten. Mit dieser Tradition setzte man auch während der Zeit, als der Zutritt zu beiden Bergen verboten war, fort. Seitdem die Erscheinungen begonnen haben, kommen zu dieser Feier noch viel mehr Menschen, und jedes Jahr in immer größerer Zahl, weil außer den Einheimischen und denjenigen aus der Umgebung auch viele Pilger angereist kommen.

Im Herbst 1981 trennten sich die Seher. Mirjana ging zurück nach Sarajevo und Ivanka nach Mostar, weil für beide wieder die Schule begann. Ivan entschloß sich plötzlich ins Franziskaner-Knabenseminar nach Visoko bei Sarajevo zu gehen, und Marija ging nach Mostar und setzte die Schule fort. Vicka hat die Schule verlassen und auf Wunsch der Gospa blieb sie zu Hause beim kleinen Jakov, der noch die Volksschule besuchte. Mit einigen Ausnahmen sahen alle auch weiterhin täglich die Erscheinung.

Am 2. 8. 1981, nach der Erscheinung und dem Gottesdienst in der Kirche, erschien die Mutter Gottes der Seherin Marija Pavlović in ihrem Haus und beauftragte sie, allen Nachbarn zu sagen, sie sollen gleich auf den Dreschplatz des Dorfes kommen. Marija war deshalb etwas verlegen, aber sie gehorchte doch. Es fanden sich etwa vierzig Leute auf dem Dreschplatz ein. Auch die Seher, außer Vicka und Jakov, waren dabei. Als die Seher zu beten begannen, kam die Mutter Gottes und lud durch Marija alle Anwesenden ein, sie zu berühren. Diese kamen dann der Reihe nach zu Marija, die ihnen zeigte, wo sie die Gospa berühren konnten. Von den vielen Berührungen blieben schmutzige Abdrücke auf dem Kleid der Mutter Gottes zurück.

Während sich dann die so „befleckte" Gospa entfernte, begann Marija bitterlich zu weinen. „Was ist los, Marija? Was ist geschehen?", fragte sie jemand.

„Ja, wie sollte ich denn nicht weinen, wenn die Gospa so beschmutzt weggegangen ist?!" Und Marija erzählte weinend, wie die Menschen durch ihre Berührungen die Gospa „befleckt" hätten. Erschüttert rief ein Mann: „Menschen! Brüder! Morgen früh alle zur Beichte!" Er hat begriffen, daß die Gospa jene „befleckt" hatten, die mit der Sünde beladen waren, als sie sie berührt haben. Viele kamen in diesen Tagen zur Beichte. Es wäre noch interessant zu erwähnen, daß sich in diesem wie auch in keinem anderen Fall keiner der Seher daran erinnern konnte, welche Person die Mutter Gottes so „befleckt" hatte.

Keine Heiligen - aber auserwählt

Die Seher von Medjugorje sind keine Heiligen. Mancher mag an ihnen etwas auszusetzen haben. Es wäre auch nicht richtig, von ihnen zu erwarten, daß sie in jeder Beziehung vollkommen sind. Sie selbst sind erstaunt, daß die Mutter Gottes gerade zu ihnen kam und noch immer kommt. Warum gerade sie erwählt wurden, das bleibt ein Geheimnis der göttlichen Vorsehung. Wahrscheinlich wollte uns die Mutter Gottes mit ihrer Auswahl auch zeigen, daß Gott andere Maßstäbe setzt als wir. Gott nimmt uns so, wie wir sind, und darauf baut er das Werk seiner Gnade auf. Doch die Seher haben eine einzigartige Chance, heilig zu werden. Sie sind ja auf besondere Weise teilhaftig der unaussprechlichen Gnaden und Gaben Gottes, die sie täglich bei der Erscheinung erhalten. Aber auch wenn sie sich vielleicht später im

Leben dieser Gnade unwürdig erweisen sollten, ändert das in keinem Fall etwas an der Glaubwürdigkeit der Botschaften, die Gott durch sie geben ließ. Bei den Sehern von Medjugorje muß man doch anerkennen, daß in ihrem Leben die Frucht der großen Gnaden, die sie erhalten haben und noch immer erhalten, bereits sichtbar geworden ist.

Es ist interessant zu beobachten, wie die Seher von Natur aus verschieden sind, und sich doch alle im großen Werk der Mutter Gottes zusammengefunden haben. Man sieht, daß sie sich ihrer Aufgabe und ihrer Mission bewußt sind, und diese ist, Bote und Mittler der Botschaften der Mutter Gottes an die Welt zu sein, und daß die Gnaden, die sie erhalten, allen anderen eher zukommen als ihnen selbst. Unter dem Einfluß der großen Gnaden, die die Seher erleben durften und noch immer erleben, verläuft ihre Entwicklung sehr positiv. Sie schauen ja noch immer täglich die Königin des Himmels, und das muß sich einfach in ihrem Leben widerspiegeln. Aber sie haben auch weiter ihre Probleme und Schwierigkeiten, mit denen ein jeder von ihnen fertigwerden muß. Die Mutter Gottes hat nicht verhindert, daß auch sie das Kreuz ihres Lebens tragen müssen, ja, man kann sogar behaupten, daß gerade die Seher besonders schwer an ihrem Kreuz zu tragen haben.

Alle, die die Möglichkeit hatten, die Seher kennenzulernen, bezeugen, daß sie alle gesunde und in jeder Hinsicht natürliche, gewöhnliche, normale junge Menschen sind, die sich durch nichts von ihren gleichaltrigen Kameraden unterscheiden. Sie sind alle intelligent, offen, stets aufrichtig, lebhaft und wirken nicht gekünstelt. Aber immer sehr ernsthaft, wenn es um die Mutter Gottes und ihre Botschaften geht, fest und unerschütterlich in ihren Aussagen und ihrer Haltung, und sie lassen sich durch nichts erschrecken. Obwohl sie schon so lange im Mittelpunkt des Interesses stehen, sind sie bescheiden geblieben. Wenn Demut und Gehorsam Zeichen des Werkes Gottes sind, dann kann man sagen, daß sie diese Zeichen besitzen. Und sie sind nicht am Materiellen interessiert.

Die Erscheinungen in Medjugorje - anders als andere

Die Seherin Marija sagte: „Die Priester werden vor allem durch die Häufigkeit der Erscheinungen in Verwirrung gebracht. Sie fragen uns, warum die Mutter Gottes so lange Zeit hindurch erscheint. Alles, was wir wissen, ist, daß sie kommt und daß wir sie sehen. Am Anfang haben wir gedacht, sie kommt nur unseretwegen oder wegen unserer Pfarre. Aber später sind wir immer mehr zu der Erkenntnis gekommen, daß die Botschaften an die ganze Menschheit gerichtet sind."

Viele Priester und Bischöfe, die die Erscheinungen von Lourdes, Fatima und anderen Orten anerkennen, zweifeln an der Echtheit der Erscheinungen in Medjugorje nur deshalb, weil die Gospa hier so lange und jeden Tag erscheint. In keiner Weise paßt das zu den Vorstellungen, die wir uns durch frühere Erscheinungen der Mutter Gottes gebildet haben.

Auch in vielem anderen unterscheiden sich die Erscheinungen von Medjugorje von den früheren Erscheinungen an anderen Orten. Als die Seher der Mutter Gottes von diesen Zweifeln berichtet haben, lächelte sie nur und sagte: „Bin ich euch langweilig geworden? Es geschieht alles genau nach Gottes Plan. Seid geduldig, seid ausdauernd in Gebet und Buße . . . Alles kommt zur rechten Zeit . . ."

Viele Weise und Gelehrte haben Hunderte von Einwänden parat und große Schwierigkeiten, an die Mutter Gottes, die hier erscheint, zu glauben. Das Volk aber nimmt sie einfach an und gehorcht ihr, auch dann, wenn sie Bekehrung, eine Änderung des Lebens, beharrliche Gebete, Buße und Versöhnung verlangt. Hier gehen wieder die Wort Jesu in Erfüllung: „Selig sind die Armen im Geiste . . . (Mt 5, 3) und: „Ich danke dir, Vater, daß du es den Weisen und Klugen verborgen, den Kleinen aber geoffenbart hast . . ." (Mt 11, 25)

Das letzte Erscheinen der Mutter Gottes

Noch im ersten Jahr der Erscheinung sprach die Mutter Gottes zu den Sehern, daß ihr Erscheinen in Medjugorje ihr letztes Erscheinen sein wird. Vicka überbrachte am 2. 5. 1982 wörtlich die Worte der Gospa: „Ich bin zum letzten Mal gekommen, um das Volk zu bekehren, weil ich nicht mehr auf die Erde herabkommen werde." Viele, sogar die Franziskaner in Medjugorje konnten nicht akzeptieren, daß die Erscheinungen der Mutter Gottes in Medjugorje die letzten in der Welt sein werden. Um jeden Zweifel zu beseitigen, ließ P. Tomislav Vlašić am 25.6.1982 durch den Seher Ivan der Mutter Gottes zwei Fragen stellen: Ob dieses Erscheinen der Mutter Gottes in Medjugorje das letzte sei. – Darauf gab die Mutter Gottes keine Antwort. Und dann die zweite Frage: Ob die Erscheinungen der Mutter Gottes in der heutigen Welt die letzten seien. Die Mutter Gottes antwortete: „Das sind die letzten Erscheinungen."

Ich bin der Meinung, daß die Mutter Gottes mit ihrer Antwort alle Zweifel beseitigt hat: Nicht die Erscheinungen in Medjugorje allein, sondern zusammen mit allen anderen Erscheinungen der Mutter Gottes, die zu dieser Zeit in der Welt erfolgen, sind es die letzten Erscheinungen der Mutter Gottes auf dieser Welt. Wenn wir die Art und Weise ihres Kommens näher betrachten, die Dauer und Häufigkeit der Erscheinungen und noch mehr ihre Botschaften, so können wir darin die letzte und äußerste Anstrengung der Liebe der Mutter Gottes zu einer sündigen Menschheit sehen. Ich kann mir nicht vorstellen, wie sie sich noch mehr erniedrigen und uns näher kommen könnte. Und das bestärkt mich nur in der Meinung, daß wir Zeitgenossen und Zeugen der letzten Erscheinungen der Mutter Gottes sind, und nachdem diese beendet sein werden, wird es keine Erscheinungen mehr geben.

Die Mutter Gottes will offensichtlich alle unsere Vorstellungen zunichte machen, die wir uns auf Grund der bisherigen Erfahrungen hinsichtlich ihrer Erscheinungen gemacht haben und uns zeigen, daß alle vorausgegangenen Erscheinungen, auch Lourdes und Fatima, nur eine Vorbereitung auf all das waren, was jetzt kommt. Wenn wir die Zeit ausschließen, in der Jesus sichtbar auf dieser Welt weilte, können wir sagen, daß noch nie, auch nicht in der Zeit der wunderbarsten Eingriffe Gottes im Alten Testament, der Himmel so tief auf die Erde und uns allen so nah gekommen ist, wie es jetzt in Medjugorje der Fall ist.

Wir leben in einer apokalyptischen Zeit. Ein Schwert der furchtbarsten Drohungen hängt über der ganzen Menschheit. Nur die Blinden sind nicht imstande, das einzusehen. Es kann leicht geschehen, daß die ganze Menschheit in nächster Zukunft vernichtet wird, selbst wenn es zu keinem Krieg kommt. Es müssen nicht unbedingt Atombomben, chemische oder biologische Waffen sein, die die ganze Menschheit vernichten und jedes Leben auf der Erde unmöglich machen. Die Umweltverschmutzung allein hat schon katastrophale Dimensionen angenommen. Die Verantwortlichen in der menschlichen Gesellschaft sind noch immer blind und wollen es nicht wahrhaben. Bald wird es aber vielleicht zu spät sein.

Die Menschheit ist so tief in Unglauben versunken, wie wahrscheinlich noch nie in der Geschichte. Nicht nur, daß der Glaube aus dem öffentlichen Leben verschwunden ist, der Unglaube hat sich sogar in der Kirche Christi eingeschlichen, wo ganze Völker in kurzer Zeit vom Glauben abgefallen sind. Das, was geblieben ist, kann sich oft kaum noch christlich nennen. Tausende von Priestern und Ordensleuten sind ihren Versprechen und Gelübden untreu geworden und haben ihren Beruf verlassen. Auch viele, die es nicht öffentlich getan haben, leben ein Leben, das in einem schweren Mißklang zu ihrem Beruf und Stand steht. Internationaler Terrorismus und organisierte Kriminalität, Drogenhandel und Rauschgiftkonsum machen das Chaos noch größer, in das die Menschheit hineingeschlittert ist.

Wenn es so weitergeht, wird die Hölle über die Kirche Christi siegen. Das wird aber nach den Worten Christi nie geschehen. Nachdem alle Mittel ausgeschöpft sind und nicht geholfen haben, schickt Gott uns seine Mutter. Sie, die Königin und Herrscherin des Himmels und der Engel, aber auch der ganzen Welt und aller Menschen, unsere Mutter und Mutter der Kirche, soll alle Kräfte Gottes im Himmel und auf der Erde in Bewegung setzen, um mit dem Satan abzurechnen und von ihm all das zurückerobern, was zu erobern ihm bereits gelungen ist. Sie will uns auf diese Weise vor all dem Unheil bewahren, das uns als Strafe für unsere Sünden und unseren Unglauben droht. Sie ist auch gekommen, um auf der Erde das Kommen des Heiligen Geistes vorzubereiten und aufzurichten, wobei ihr Unbeflecktes Herz triumphieren wird, wie sie es in Fatima vorausgesagt hat.

Wir haben keine andere Wahl: Entweder werden wir ihre Einladungen und Mahnungen befolgen, uns bekehren und in die Reihe ihrer Streiter treten und alle unsere Kräfte in ihren Dienst zur Verbreitung ihrer Botschaften und zur Bekehrung der Welt einsetzen - vor allem mit unserem Gebet und unserer Buße - oder wir werden auf die andere Seite gelangen und das Schicksal der Gottesfeinde und der

Feinde der Mutter Gottes erleben. In Fatima hat die Mutter Gottes klar gesagt, daß mehrere Völker vernichtet werden, wenn sich die Menschheit nicht bekehrt.

Das kroatische Volk erlebt jetzt durch die Erscheinungen der Gospa in Medjugorje in seiner Geschichte vielleicht die Tage der größten Gnaden und seine größte Chance mit ihm aber auch die anderen Völker, ganz Europa und die ganze Welt. Werden wir sie nützen, oder werden wir in unserem Unglauben verharren, bis es zu spät ist?

Offenbarung und Erscheinungen

Die Offenbarung Gottes, die die Kirche uns vorlegt und die wir mit unserem Glauben annehmen, spricht vom lebendigen Gott, der uns mehr ist als ein guter Vater. Diese Offenbarung Gottes wurde uns vor allem durch Visionen und Erscheinungen vermittelt. Alle direkten Kontakte zwischen Gott und der Menschheit im Alten Testament, nach der Vertreibung aus dem Paradies, waren von dieser Art. Auch das Neue Testament berichtet in Fülle davon. Allein in Jesus Christus sprach Gott zu den Menschen in menschlicher Gestalt. Seine Geburt aber war durch eine Erscheinung angekündigt worden. Nach der Auferstehung erschien er seinen Jüngern, ebenso auch nach seiner Himmelfahrt.

Darum erkennt die Kirche grundsätzlich die Möglichkeit von Erscheinungen an, weil dadurch die Offenbarungen, die Gott den Menschen vermittelt,

noch bestärkt und die Gläubigen zu neuem Glauben inspiriert werden. Während ihrer fast zweitausendjährigen Geschichte hat die Kirche viele solcher Offenbarungen als Gottes Werk anerkannt und ihren Gläubigen empfohlen. Von den Theologen wurden sie als „private Offenbarungen" bezeichnet, zum Unterschied zu der offiziellen und für alle verpflichtenden Offenbarung, die mit dem Tode des letzten Apostels beendet ist. Diese Offenbarungen haben oft einen großen Widerhall in der Kirche gefunden und wohltuend auf das Leben der Gläubigen gewirkt.

Die Kirche hat immer das Recht und die Pflicht gehabt, solche private Offenbarungen zu untersuchen und über sie ein Urteil zu fällen. So ist es auch im Fall Medjugorje. Auch hier wird die Kirche ganz bestimmt, wenn der geeignete Zeitpunkt gekommen ist, ihr Urteil sprechen, dem wir uns vorbehaltlos unterwerfen werden. Solange sie das nicht tut, bemühen wir uns, mit Hilfe der Kriterien Christi („An ihren Früchten werdet ihr sie erkennen", Mt 7,16) unser eigenes Urteil zu bilden und die Gnaden zu nützen, die uns Gott hier so reichlich gibt.

Es sind nicht alle Menschen in gleicher Weise bereit, die Botschaft Gottes und die Offenbarungen anzunehmen. Viele sind dem gegenüber sogar verschlossen und lehnen es hartnäckig ab, auch dann, wenn sie es aufnehmen müßten wegen der vielen evidenten Beweise. Vor allem sind sie nicht bereit, ihr Leben zu ändern und sich zu bekehren. Die Hl. Schrift des Alten und des Neuen Testaments ist voll von solchen Beispielen. Manche Propheten wurden mißhandelt und gesteinigt, der Sohn Gottes selbst wurde gekreuzigt. Solche Geschehnisse sprechen nicht gegen die Echtheit einer Erscheinung oder Offenbarung, im Gegenteil, sie sind eher ein Beweis dafür, daß sie ein Werk Gottes sind. Diese Einstellung entspringt offensichtlich der schuldbeladenen menschlichen Natur, oft steht sie auch unter dem direkten Einfluß Satans. Der Satan aber kämpft nur gegen das, was ihn in seiner Wirksamkeit stört, gegen das Werk Gottes. Wenn die Erscheinungen ein Werk krankhafter menschlicher Phantasie oder der Täuschung irgendeines Menschen oder sogar des Teufels selbst wären, würde er bestimmt nicht dagegen kämpfen.

Zum Thema „private Offenbarung" bringe ich noch zwei Zitate von angesehenen Theologen:

„Die Bezeichnung ‚private' und ‚öffentliche' Offenbarung sind nicht geeignet. Anstelle dessen sollte man ‚außerbiblische' und ‚biblische' Offenbarung sagen. Wenn man die Möglichkeit grundsätzlich nicht ausschließt, daß Gott sich offenbaren und mit Menschen auch außerhalb der Hl. Schrift verkehren kann, dann ist es falsch, zu behaupten, daß die Erscheinungen und ‚private' Offenbarungen niemanden verpflichten. Es wäre nämlich absurd, die Möglichkeit zu gewähren, daß Gott den Menschen etwas mitteilt und von ihnen verlangt, daß sie aber nicht verpflichtet sind, dem zu gehorchen und das anzunehmen. Kann Gott etwa umsonst sprechen? Oder ist der Mensch seinem Verhältnis Gott gegenüber autonom? Deshalb ist jeder, dem eine authentische Offenbarung oder das Wort Gottes überhaupt zuteil wird, verpflichtet, es anzunehmen. Selbst zuvor ist er verpflichtet, all dem gegenüber offen und verantwortlich zu sein. Und wenn er zur notwendigen Sicherheit in Bezug auf eine konkrete Offenbarung Gottes kommt, ist er verpflichtet, die volle Verantwortung anzunehmen. Das ist wenigstens soweit verpflichtend, soweit auch das Diktat des Gewissens zu akzeptieren verpflichtend ist, von dem man ja behauptet, daß es in gewissem Sinne die Stimme Gottes ist. Sonst würde sündigen, der es nicht tun würde." (Dr. Ljudevit Rupčić, Istina o Medjugorju - Die Wahrheit über Medjugorje, S. 17-18).

„Man kann die früheren Fälle nicht auf die moderne Form der Erscheinungen anwenden, die eine besondere Eigenart haben: sie sind nicht nur mystisch, sondern auch prophetisch und enthalten eine öffentliche Botschaft an die Kirche und die Welt. Diese neuen Merkmale haben sogar die Sprache der Theologen durcheinandergebracht! Sie bezeichnete bisher diese Erscheinungen als ‚private' Offenbarungen. Die heutigen Erscheinungen haben Öffentlichkeitscharakter. Um eine Zweideutigkeit der Begriffe zu vermeiden, schlug ich vor, sie ‚Sonderoffenbarungen' zu nennen. Dadurch werden sie von der abgeschlossenen Offenbarung deutlich unterschieden!" (Rene Laurentin, Medjugorje–Ort der Versöhnung zwischen Ost und West, im Buch „Medjugorje heute", Styria, S. 9).

Die zweite Gruppe der Seher

Man sprach und man spricht über die Erscheinungen der Mutter Gottes auch an anderen Orten in der Herzegowina und anderswo. Es scheint mir, daß wenigstens einige davon echt sind, und es sich hier um Rand- oder Parallelerscheinungen handelt, wie sie auch während der Erscheinungen in Lourdes und Fatima erfolgt sind. Nun haben wir auch in Medjugorje selbst Parallel-Erscheinungen.

Es begann mit Jelena Vasilj aus Medjugorje, aus dem Ortsteil unterhalb des Berges Križevac. Während des Schulunterrichts am 15. 12. 1982 hörte sie zum erstenmal eine innere Stimme. Das verwirrte sie und sie vertraute sich ihrem Vater an, der dann bei Pater Tomislav Vlašić Rat und Hilfe suchte. Dieser sprach mit Jelena und betete den Exorzismus über sie, um jeden eventuellen Einfluß des bösen Geistes auszuschließen. Jelena zeigte dabei keine Reaktion. Am 23. Dezember sah Jelena zum ersten Mal einen Engel, der ihr sagte, er sei von Gott gesandt. Er sprach zu ihr und belehrte sie in Dingen ihres persönlichen geistigen Lebens. Am 29. Dezember 1982 sah Jelena zum ersten Mal die Mutter Gottes und sie schaute sie seitdem jeden Tag, zumindest in der ersten Zeit.

Jelena erlebt die Erscheinungen anders als die Seher von Bijakovići. Ihre Visionen sind ein inneres Schauen, im Unterschied zu den Sehern, die die Mutter Gottes mit ihren Augen sehen und mit ihren Ohren hören, die sie sogar berühren können. Jelena ist all das nicht gegeben worden. Sie hört öfter die Stimme der Gospa oder des Engels – auch dann, wenn sie keine Erscheinung hat. Und noch etwas: Um die Gospa zu schauen, muß sie sich besonders tief konzentrieren, und in dieser Phase der Konzentration oft auch längere Zeit beten, bevor sie die

Mutter Gottes sehen kann. Im Januar 1983 kam die Gospa durch Jelenas Schuld fünfzehn Tage lang nicht, weil sich Jelena einzubilden begann, sie wäre besser als die anderen, da sie ja die Gospa schaut. Erst als sie zu einer demütigen Einstellung zurückgefunden und ihren Fehler gutgemacht hat, kam die Mutter Gottes wieder zu ihr. Sie sagte ihr dann, sie solle diesen Fehler beichten.

Wie Jelena berichtet, erscheint ihr die Mutter Gottes anders als den Sehern aus Bijakovići: Sie trägt ein anderes Kleid und hat eine andere Augen- und Haarfarbe. Die Mutter Gottes selbst erklärte ihr, daß sie zwar unterschiedlich erscheint, aber immer und überall dieselbe ist.

Neben Jelena gibt es seit dem 19. 3. 1983 noch eine Seherin: ihre Nachbarin und Schulkollegin Marijana Vasilj. Beide tragen denselben Familiennamen, sind aber nicht verwandt. Sie schaut die Mutter Gottes auf dieselbe Weise wie Jelena. Marijana aber hörte anfangs die Gospa nicht und konnte auch nicht mit ihr sprechen. Das kann sie erst seit dem 5. 10. 1983.

Durch Jelena richtet die Mutter Gottes an uns ganz besondere Botschaften, in denen sie uns zur Bekehrung aufruft und uns mahnt, die Bekehrung nicht mehr hinauszuzögern. Sie betont, daß sie von uns viel Gebet und Buße braucht. Sie verlangt wiederholt das Fasten, nicht nur am Freitag, sondern auch bei anderen Gelegenheiten, und sie betont dabei, daß es nicht genügt, nur zu fasten, sondern gleichzeitig alle sündhaften und schlechten Gewohnheiten abzustreifen. Fasten hat keinen Wert, wenn wir gleichzeitig streiten oder auf andere Art sündigen. Von den schlechten Gewohnheiten erwähnt die Mutter Gottes besonders das Fernsehen, das Rauchen und den unmäßigen Kaffee- und Alkoholgenuß. Sie verlangt von den Gläubigen, sogar von den Kindern, daß sie sich vor der heiligen Messe etwa eine halbe Stunde sammeln und innerlich darauf vorbereiten, weil „die heilige Messe das beste Gebet ist".

Am 1. 3. 1983 rief die Mutter Gottes durch Jelena die Pfarrangehörigen von Medjugorje auf, jeden Donnerstag aus dem Evangelium den Abschnitt Mt 6,24-34 zu lesen und zu betrachten. Dieser Abschnitt behandelt die Sorge um unsere leiblichen und materiellen Bedürfnisse und verlangt ein totales Vertrauen in die Vorsehung Gottes: „Ihr könnt nicht Gott und dem Reichtum dienen . . . ! Sorgt nicht ängstlich um euer Leben . . . ! Schaut die Vögel . . . ! Sucht zuerst das Reich Gottes und seine Gerechtigkeit . . . !"

Wie alle Botschaften der Mutter Gottes gilt auch dieser Aufruf nicht nur den Angehörigen der Pfarre Medjugorje, sondern allen, die ihre Botschaften annehmen und sie zu leben trachten. Auf den ersten Blick dünkt uns dieser Aufruf gar nicht so besonders wichtig. Wenn wir aber darüber etwas tiefer nachdenken, dann werden wir, allerdings mit Hilfe der Gnade, begreifen, daß dieser Aufruf in der Strategie Gottes und der Mutter Gottes sehr wichtig ist.

Die Welt ist dem Materialismus verhaftet. Sie erstickt gerade in der Sorge um das Materielle und das Leibliche. Das Geld ist ihr meistens das erste Ziel und der vorrangigste Sinn der Existenz. Dieser Versuchung unterliegen – mehr oder weniger – oft auch die, die sich wünschen und sich darum bemühen, Gott anzugehören. Aber Gott und der Mammon können nicht nebeneinander existieren. Entweder - oder! Sucht zuerst das Reich Gottes, und überlaßt alle anderen Sorgen Gott, und alles andere wird euch gegeben werden! Das ist die Grundlage. Von den drei Ordensgelübden steht die Armut an erster Stelle! Auch die, die in keinem Orden leben, sollen den Geist der Armut verwirklichen.

Einige wichtigere Einzelheiten

Jedes Jahr wird der Jahrestag der Erscheinung, der gemäß dem Wunsch der Mutter Gottes auch das inoffizielle Fest der Königin des Friedens ist, in Medjugorje feierlich begangen. Die Leute kommen schon am 24. Juni, aber das Fest gipfelt am 25. Juni. Das ist auch die Zeit, in der die größte Pilgerzahl in Medjugorje zu verzeichnen ist. So war es schon am ersten Jahrestag, und jedes Jahr kommen immer mehr Pilger. In den letzten Jahren (vor dem Krieg in Bosnien-Herzegowina) waren es schon mehrere Hunderttausend. Während dieser Zeit, noch viel mehr als sonst, nehmen Hunderte von Priestern – um die Kirche herum sitzend – den Gläubigen unermüdlich die Beichte ab und helfen so die erste Forderung der Mutter Gottes – die Bekehrung – zu verwirklichen. Die große Hitze, die zu dieser Zeit gewöhnlich in Medjugorje herrscht, ist für die Pilger kein Hindernis, sondern Gelegenheit, Buße zu tun.

Am 24. Juni 1983 wurden Wachposten aufgestellt,

die den Zutritt zum Erscheinungsberg und zum Kreuzberg verhindern sollten. Die Franziskaner in Medjugorje wurden, wie auch bereits früher in ähnlichen Fällen, von den Behörden aufgefordert, dem Volke abzuraten, auf die beiden Berge zu gehen; und sie taten es. Aber noch am gleichen Tag wurden die Wachposten auf höheren Befehl zurückgezogen und seitdem ist der Zutritt zu den Bergen für jedermann frei.

Immer mehr wächst die Zahl der Pilger aus dem Ausland. Die Einheimischen kommen meist samstags und sonntags, an einigen Festtagen, zum Jahrestag und zur Feier am Kreuzberg. Je länger die Erscheinungen dauern, desto mehr Pilger kommen aus dem Ausland. Ihre Zahl übersteigt bei weitem die Zahl der einheimischen Pilger. In früheren Jahren waren es meistens Italiener, jetzt aber gibt es viele Pilger aus dem deutschen und englischen Sprachraum und besonders viele Amerikaner. – Das alles gilt für die Zeit vor dem Krieg in Bosnien-Herzegowina. Jetzt ist die Zahl der Pilger wesentlich kleiner, aber auch in den schlimmsten Tagen des Krieges im Jahr 1992 kamen immer wenigstens einige Pilger. Seit dem Jahr 1993 wächst die Zahl der Pilger wieder.

Für die Novene vor dem Fest der Unbefleckten Empfängnis 1983 wünschte die Mutter Gottes, daß der Hymnus „Komm, Schöpfer Geist" täglich gebetet werde. Man betete ihn jeden Abend bis Weihnachten. Dann sagte eine Seherin den Franziskanern, die Mutter Gottes wünsche, daß dieser Hymnus auch weiterhin jeden Tag gebetet werde. Seitdem betet ihn der Priester jeden Tag vor der hl. Messe und die Gläubigen wiederholen nach jeder Strophe: „Komm, Schöpfer Geist!" Der Priester ruft vorher die Gläubigen anderer Sprachen auf, dasselbe in Lateinisch zu wiederholen: „Veni, Creator Spiritus!"

Ein deutscher Priester war im Herbst 1983 als Pilger in Medjugorje und sagte danach: „Hier haben die Menschen wieder einmal Zeit für Gott!" Eine ausgezeichnete Bemerkung! Heute haben die Menschen wirklich Zeit für alles Mögliche, nur nicht für Gott. Und siehe da, die Mutter Gottes kam in der Gewalt und Kraft des Hl.Geistes und die Menschen haben auf eimal Zeit für Gott. In Medjugorje hat es keiner eilig. Heilige Messen, Predigten und Gebet dauern lange. Man betet viel und beharrlich, jeden Tag und mehrere Stunden. Die Gospa spricht nicht ohne Grund so viel über das Gebet!

Pater Tomislav Vlašić sagte einmal: „Durch das Gebet können wir Gottes Pläne ändern!" Ahnen wir Menschen überhaupt, welche Kraft unser Gebet besitzen kann? Und was wir dadurch alles erreichen können? Die Mutter Gottes sagte mehrmals „Alles!" – Wir können bestimmt nicht Gottes Pläne in einem absoluten Sinn ändern. Aber wir können ganz sicher Gott dazu bewegen, abzuwenden oder zu mildern, was er angedroht hat. Die hl. Schrift bringt uns viele Beispiele erfolgreichen Betens.

Pater Slavko Barbarić: „Beten heißt zuerst: Geben!" Das heißt, Gott unser Vertrauen, unseren Glauben zu geben, mit dem wir – nach den Worten Christi – auch „Berge versetzen" können (Mk 11, 23). Erst dann können wir von ihm das empfangen, worum wir beten. Das ist ähnlich wie bei der hl. Messe, in der wir zuerst Gott Brot und Wein darbringen müssen, um es ihm möglich zu machen, uns mit der unschätzbaren Gabe des Leibes und des Blutes Christi zu beschenken. Der Mißerfolg unserer Gebete hat ohne Zweifel seine Wurzel darin, daß wir im Gebet Gott nichts dargebracht haben, keine Zuversicht und kein Vertrauen.

Pater Jozo Zovko sagte einmal: Es ist eine Illusion, den Frieden allein mit den Waffen zu verteidigen. Die Waffe siegt nicht in Kriegen! Das ist immer nur ein trügerischer Scheinfriede. Der echte Friede quillt aus dem Herzen, das sich Gott zugekehrt hat. Kriege werden mit Gebeten gewonnen. Auf eine gewisse Weise hatte Gott die zum Gebet erhobenen Arme des Mose, der auf dem Berg betete, während sein Volk am Fuße des Berges kämpfte, nötig. Auch aus der Geschichte sind uns viele Beispiele bekannt, wo die schwächeren Armeen, durch ein Heer von Betern verstärkt, überlegene Feinde besiegen konnten.

Zweitausendster Geburtstag der Mutter Gottes

Auf Anregung von René Laurentin, eines französischen Priesters, Mariologen und Verfassers mehrerer Bücher über Medjugorje, haben die Franziskaner im März 1984 durch die Seherin Jelena die Mutter Gottes gebeten, ihnen zu sagen, wann ihr 2000. Geburtstag sei. Die Mutter Gottes antwortete, ihr Geburtstag würde sein, wenn sich die ganze Welt bekehrt hat. Ein paar Tage später sagte sie: „Ich werde euch diesen Tag sagen, und ihr sollt beginnen, euch darauf vorzubereiten." Sie sagte noch: „Es wird viele Bekehrungen geben. Dieser Tag ist ein besonderes Geschenk meines Sohnes, um mich zu trösten."

Erst am 25. Mai 1984 gab die Gospa das genaue Datum bekannt: Ihr zweitausendster Geburtstag fällt auf den 5. August 1984. Weil der Bischof von Mostar verboten hat, darüber zu schreiben und zu sprechen, bereiteten die Franziskaner in Medjugorje die Gläubigen auf diesen Tag vor, ohne direkt von einem Geburtstag zu sprechen. Das Volk bekam aber dennoch Kenntnis davon und bereitete sich durch Gebet und Fasten darauf vor. Dieser Tag war ein Sonntag. Es war wirklich für die Pfarre und für die Pilger ein Tag des Gebetes. P. Tomislav Vlašić sagte, daß er an diesem Tag zum ersten Mal in seinem Leben begriffen hat, was „Tag des Herrn" bedeutet: wenn nämlich das ganze Volk den ganzen Tag betet und ihn in Gott erlebt, zum Unterschied zu unseren Sonn- und Feiertagen, die vielfach Tage des Tourismus geworden sind.

An diesem Tag kamen sehr viele Pilger, sogar mehr als am Fest Mariä Himmelfahrt. Es war die schönste geistliche Versammlung, die Medjugorje je gesehen hat. Der Glaube zeigte sich deutlicher als am Jahrestag oder an irgendeinem anderen Tag. Alle Priester, die an diesen Tagen in Medjugorje Beichte hörten, bezeugen unzählige und geradezu unglaubliche Gnadenwunder, die sie im Beichtstuhl erlebten.

Ärztliche Untersuchung der Seher

Eine Gruppe französischer Ärzte aus Montpellier hielt sich im Jahre 1984 dreimal in Medjugorje auf und untersuchte die Seher, sogar während der Erscheinung. Die Ergebnisse dieser Untersuchungen können wir so zusammenfassen: Es sind alle Anzeichen vorhanden, daß diese jungen Leute normal sind, gesund an Seele und Leib. Bei ihnen sind keine Anzeichen von Epilepsie, Traum oder Halluzination zu finden. Es ist auch keine Hysterie oder Katalepsie (= Starrheit, Empfindungslosigkeit) vorhanden. Die Extasen der Seher sind nicht pathologisch, und die Seher täuschen nicht vor.

Im September 1985 untersuchte die Seher auf ähnliche Weise auch eine Gruppe italienischer Ärzte, der sich einheimische Ärzte anschlossen. Sie kamen zu denselben Ergebnissen wie auch die französischen Ärzte.

Mirjana Dragičević

Mirjana Dragičević, geb. am 18. 3. 1965, hat noch einen Bruder. Die Familie lebte in Sarajevo, ihr Vater ist Röntgen-Techniker. Sie besuchte das Gymnasium und schloß ein Hochschulstudium ab. Sie wurde am 16. 9. 1989 mit Marko Soldo in der Kirche von Medjugorje getraut, ist Mutter von zwei Kindern und lebt und arbeitet in Medjugorje. Sie bekam von der Mutter Gottes alle zehn Geheimnisse mitgeteilt. Am 25. 12. 1982 hatte sie die letzte regelmäßige

Mirjana Dragičević

Erscheinung. Wie es ihr die Gospa versprochen hat, erlebt sie jedes Jahr an ihrem Geburtstag die Erscheinung. Ab und zu erscheint ihr die Gospa auch an anderen Tagen, manchmal hört sie auch nur die Stimme der Gospa.

In einem Gespräch erzählte Mirjana, wie sie die Begegnungen mit der Mutter Gottes erlebt: „Am Anfang wurden wir alle von der Macht und Größe der sichtbaren Anwesenheit der Gospa so sehr ergriffen, daß wir öfter während der Erscheinung ohnmächtig wurden. Später gab uns die Mutter Gottes die besondere Kraft und Gnade, ohne Schwierigkeiten die täglichen Begegnungen mit ihr erleben zu können."

Die Mutter Gottes hat den Sehern klar gemacht, daß auch sie in Nazareth eine gewöhnliche und einfache Frau aus dem Volke war und daß sie das ganze menschliche Elend mit allen seinen Problemen erlebt und durchgemacht hat. Deshalb sollen sie immer und jederzeit einfach zu ihr kommen, mit allen Problemen, Schwierigkeiten und Nöten, wie zu einer Mutter. Sie sei ihnen noch mehr Mutter, als es die eigene, leibliche Mutter sein könnte. Sie würde sie alle kennen und verstehen. Und gerade die Tatsache, daß sie die Gospa wie ihre Mutter erleben, die ihnen mit ihrer Liebe und Sorge so nahe ist, ermöglicht es ihnen, daß sie die täglichen Begegnungen mit ihr überhaupt ertragen können.

Am 14. April 1982 hatte Mirjana eine besondere Erscheinung: Sie kniete nieder und wollte gerade das Kreuzzeichen machen, als der Satan erschien. Anstelle der Mutter Gottes erblickte sie das krasse Gegenteil. Mirjana sagt, jetzt habe sie begriffen, daß alles, was sie bisher über den Teufel gehört hatte, seiner tatsächlichen Schauderhaftigkeit auch nicht annähernd nahekam. Der Satan bot ihr Schönheit und Erfolg an, wenn sie Gott und der Gospa entsage. Sie widersetzte sich aber mit allen Kräften: „Nein, nein, nein . . . !" Der Satan verschwand dann und die Mutter Gottes kam zu ihr.

Die Mutter Gottes hat bei ihren Erscheinungen zu Mirjana gesagt, daß jetzt „die Zeit des Teufels" wäre, in der ihm gestattet ist, mit seiner vollen Macht und Kraft zu wirken. Die ganze Menschheit werde auf ihren Glauben geprüft. Man müsse den Angriff des Teufels gleich erkennen und ihn durch Gebet, Opfer und Buße abwehren. „Die Zeit des Teufels" soll nur bis zum Eintreffen des ersten Geheimnisses dauern.

Es scheint, daß Mirjana eine besondere Rolle in der Enthüllung der Geheimnisse spielen soll. Gemäß dem Wunsch der Gospa hat sie Pater Petar Ljubičić zum Priester ihres Vertrauens gewählt. Wenn die Zeit kommt, wird sie ihm die Geheimnisse schriftlich übergeben, und er wird sie nach einer Woche des Fastens und Betens lesen und veröffentlichen können, drei Tage bevor sie geschehen sollen. Bei den außerordentlichen Erscheinungen oder wenn nur ihre Stimme zu vernehmen ist, spricht die Gospa mit Mirjana über die Geheimnisse, die sie enthüllen soll.

Von den anvertrauten Geheimnissen sollen sich zwei vor dem großen Zeichen verwirklichen, das die Mutter Gottes auf dem Berg an der Stelle der ersten Erscheinungen zu geben versprochen hat. Dieses Zeichen wird das dritte Geheimnis sein, das Mirjana enthüllen soll. Die Geheimnisse sollen in kurzen Zeitabständen nacheinander eintreffen. Alle Seher, außer Marija Pavlović wissen auch den genauen Zeitpunkt, wann es geschehen soll. Vor dem großen Zeichen auf dem Erscheinungsberg werden in vielen Regionen der Welt Vorzeichen eintreten, als Vorwarnung für die Welt. Die Mutter Gottes sagte auch, daß viele erst glauben werden, wenn das versprochene Zeichen eintrifft, daß sie dann hinlaufen und um die Gnade der Vergebung bitten werden, aber es wird bereits zu spät sein. Die Zeit der Gnade, die wir jetzt erleben, wird dann vorbei sein. Deshalb ist es einleuchtend, warum die Gospa fordert, daß wir uns jetzt bekehren sollen. Wenn erst das Zeichen sichtbar wird, wird es zu spät sein.

Die Weihnachtstage 1982 verbrachte Mirjana zu Hause in Sarajevo. Während der Erscheinung am Hl. Abend vertraute ihr die Gospa das zehnte Geheimnis an, das besonders schwerwiegend ist und mit dem alles enden soll. Und sie kündigte an, daß sie zu ihr nur noch morgen, am Weihnachtstag kommen würde, und somit sollen für sie die regelmäßigen Erscheinungen beendet sein. Sie versprach noch, ihr zeit ihres Lebens an ihrem Geburtstag zu erscheinen. Mirjana sagt, die Gospa habe sie einen Monat lang auf diese letzte Begegnung vorbereitet.

Mirjana fiel es sehr schwer zu akzeptieren, daß die Erscheinungen nun aufhörten. Sie brauchte lange Zeit, um den Schmerz und die Niedergeschlagenheit zu überwinden. Und sie sagte, sie gedenke immer der Worte der Mutter Gottes, die sie ihr während der letzten Erscheinung mitgeteilt hat: „Mirjana, ich habe dich auserwählt und dir alles gesagt, was notwendig war. Ich sagte dir auch viel Grauenhaftes (in den Geheimnissen), das du würdig tragen sollst. Denke daran, wieviele Tränen ich deshalb vergieße. Du sollst immer tapfer sein. Du hast meine Botschaften rasch begriffen, und genauso mußt du begreifen, daß ich gehen muß. Sei tapfer . . ."

Mirjana ist in Sarajevo aufgewachsen und lebte auch dort bis zum Ende ihres Studiums, in einem Milieu, das vom christlichen Geist und Leben sehr entfernt ist. Sie bewegte sich in einer Gesellschaft, für die Gott wenig oder gar nichts bedeutet, zum Unterschied zu den anderen Sehern, die in einer Umwelt leben, die mehr oder weniger vom christlichen Geist und Leben durchdrungen ist. Ihre Lebenserfahrungen in einer Umwelt ohne Glauben und der Umgang mit Menschen, die nicht die Gnade erfahren haben, ein religiöses und christliches Leben zu führen, haben, so scheint es, Mirjana geholfen, sich Gott ganz hinzugeben und ihr Leben tagein, tagaus der Bekehrung dieser Welt zu widmen.

Ivanka Ivanković

Ivanka Ivanković, geb. am 21. 6. 1966, hat einen älteren Bruder und eine jüngere Schwester. Ihre Mutter ist im April 1981 gestorben. Ihr Vater arbeitete als Gastarbeiter in Deutschland. Mit ihnen lebt noch die Großmutter. Sie besitzen ein Haus in Mostar und leben dort, aber sie kommen oft zu den Verwandten nach Bijakovići. Ivanka beendete das Gymnasium in Mostar. Sie war die erste, die die Mutter Gottes gesehen hat und als erste hat sie mit ihr gesprochen. Und sie war die zweite, für die die Erscheinungen aufgehört haben. Davor erzählte ihr die Gospa eini-

Ivanka Ivanković

ges aus der Zukunft der Welt und der Kirche. Darüber aber darf sie mit niemandem sprechen, bis die Gospa es ihr erlaubt.

Am 6. 5. 1985 fand die regelmäßige Erscheinung in einem Zimmer des Pfarrhauses in Medjugorje statt. Anwesend waren die Seher Marija, Jakov, Ivan und Ivanka. An diesem Abend, nachdem die Erscheinung zwei Minuten gedauert und Marija, Jakov und Ivan „Ode" (Sie ist weg!) gesagt hatten, verblieb Ivanka aber, unabhängig von den anderen, noch volle sechs Minuten in Extase. Nach der Erscheinung sagte Ivanka, daß sie das zehnte Geheimnis bekommen habe, daß die Mutter Gottes die Erzählung über die Zukunft der Welt und der Kirche beendet und ihr gesagt hätte, sie solle am nächsten Tag zu Hause bleiben und dort auf die Gospa warten.

Am 7. 5., einem Dienstag, blieb Ivanka zu Hause bei ihrer Großmutter. Sie ging in ihr Zimmer um zu beten und erlebte dort die Erscheinung, die diesmal etwa eine Stunde dauerte. Die Mutter Gottes wünschte von ihr, daß sie ihre Trauer wegen des Endes der Erscheinungen als Opfer für die Bekehrung der Welt darbringe. Ihrem Wunsch gemäß gab ihr die Gospa die Gnade, noch einmal ihre verstorbene Mutter zu sehen, die sie auch schon früher bei Erscheinungen gesehen hatte.

Auch Ivanka fiel der Abschied von der Gospa sehr schwer. Eine lange Zeit fühlte sie sich einsam, war traurig und niedergeschlagen. Aber dann beruhigte sie sich und setzte mit der geistlichen Praxis der letzten Jahre fort. Die Mutter Gottes versprach ihr, jedes Jahr am Jahrestag der Erscheinung, am 25. Juni, zu kommen, außer in diesem Jahr. Ihr Versprechen hat die Gospa gehalten.

Am Sonntag nach Weihnachten 1986 heiratete

Ivanka. Sie wurde in der Kirche von Medjugorje mit einem jungen Mann vermählt, mit dem sie schon sieben Jahre befreundet war, schon bevor die Erscheinungen begonnen haben. Sie sagte immer, daß sie ihn heiraten wolle. Ivanka hat drei Kinder geboren und lebt mit ihrer Familie in Medjugorje.

Vicka Ivanković

Vicka Ivankovic, geb. am 3. 9. 1964, hat noch sieben Geschwister. Auch ihr Vater arbeitet als Gastarbeiter in Deutschland. Nach der Volksschule besuchte sie ein Jahr die Textilschule. Sie hatte die Schule abgebrochen, nachdem die Erscheinungen begonnen hatten. Sie möchte ins Kloster gehen.

Bis 1983 war Vicka neben Jakov die einzige von den Sehern, die dauernd zu Hause war. Deshalb hat sie in diesen Jahren die größte Last der Pilgerbetreuung getragen, und das bei aller Arbeit, die sie zu Hause innerhalb ihrer Familie verrichten mußte. Dann sind auch weitere Schwierigkeiten aufgetaucht: Es wurde immer klarer, daß Vicka krank war, aber in ihrer Krankheit gab es viele Symptome, die die Ärzte nicht erklären konnten. Für ihre Krankheit fand sie bei niemandem Verständnis. Das Gerede über ihre Krankheit war für sie schlimmer als die Krankheit selbst.

Es begann im Frühling 1982 mit einer Gelenksentzündung, im Herbst kam diese Krankheit wieder. Im Frühling des darauffolgenden Jahres war sie wieder krank und wurde sehr schwach. Im Juli 1983 wurde sie an den Mandeln operiert. Nach der Operation erholte sie sich sehr schnell. Aber im nächsten Jahr fühlte sie sich wieder krank.

Jetzt war es ein leichtes Kopfweh und häufige Ohnmachtsanfälle. Am 8. 12. 1984 wurde sie in Zagreb einer dringenden Blinddarmoperation unterzogen, der schon perforiert war. Danach wurden ihre Leiden mit der Zeit immer schlimmer. Die Ohnmachtsanfälle wurden intensiver. Aus diesem Koma oder dieser Ohnmacht konnte sie niemand wecken. Doch sie weckte sich selbst daraus kurze Zeit vor der Erscheinung, die sie jetzt täglich zu Hause erlebte, weil sie nicht in die Kirche gehen konnte. Kurz zuvor noch in einem tiefen Koma, kam sie dann heiter und lachend, nur etwas blaß ins Zimmer, wo sich immer auch eine Gruppe von Pilgern fand. Sie begrüßte jeden einzelnen und begann mit ihrer kräftigen Stimme zu beten, wie immer vor der Erscheinung und so, als wäre nichts gewesen.

Sie ging öfter zu ärztlichen Untersuchungen, aber es stellte sich keine Besserung ein. Am 20. 10. 1984 sagte ihr ein Arzt in Zagreb, sie sollte weniger fasten, mehr ruhen und alles andere mit ihrer Gospa besprechen!

Am 12. 6. 1985 befand sich Vicka den ganzen Tag im tiefen Komazustand und aß auch nichts. Spät am Abend erwachte sie aus dem „Schlaf" und ging mit der Gruppe zur nächtlichen Begegnung mit der Mutter Gottes auf den Berg. Um Mitternacht kehrte sie nach Hause zurück und ging eine Stunde später mit der Gruppe zu Fuß und barfuß nach Humac (Franziskanerkloster bei Ljubuško), zum hl. Antonius

Vicka Ivanković

wallfahren. Ihrer Mutter sagte sie, daß sie die Gospa gefragt und von ihr die Erlaubnis dazu bekommen hätte. Um fünf Uhr Früh kniete sie dort vor dem Priester und beichtete. Alles ging gut. Am nächsten Tag war sie wieder den ganzen Tag im Koma.

Vom 7. 1. 1983 bis 10. 4. 1985 empfing Vicka in den Erscheinungen den Lebenslauf der Mutter Gottes, den sie regelmäßig notierte und der drei große Hefte ausfüllt. Zum Schluß sagte ihr die Mutter Gottes auch den Namen des Priesters, dem sie später diese Hefte übergeben soll. Außer Vicka und dem Priester selbst weiß niemand, wer das sein wird.

Am 17. 9. 1985 wartete Vickas Mutter darauf, daß Vicka für die abendliche Erscheinung aus dem Koma erwache. Und als sie erwachte, sagte sie ihr: „Meine Tochter, warum bittest du nicht die Mutter Gottes, daß sie dir dieses Leid wenigstens etwas abkürzt?" Vicka antwortete darauf: „Mama, wenn du wüßtest, wievielen Seelen ich damit nütze, würdest du das nicht verlangen!" Damit hat Vicka klar den Sinn ihres Leidens und die Begründung für den Verzicht auf Heilung dargelegt: das Heil der gefährdeten Seelen, die Rettung der Welt. Andere Seher wollten die Gospa um Vickas Heilung bitten, aber sie hat das nicht erlaubt.

Vom 17. 4. 1985 bis 22. 4. 1986 hat die Mutter Gottes zu Vicka über die Zukunft der Welt gesprochen. Vicka hat auch das aufgeschrieben und damit zwei Hefte ausgefüllt.

Vickas Ohnmacht dauerte täglich 15 Stunden und sogar noch länger, außer wenn sie ihre „Erholungsphase" hatte, wie es ihre Schwester Ana ausgedrückt hat. Das war zum Beispiel zum Geburtstag der Mutter Gottes, am 5. 8. 1985, für insgesamt acht Tage. Vicka hat wegen ihres Leidens nie Angst gezeigt.

Mehrere Male wiederholte sie, daß sie „keine Angst hat vor dem Leben und noch weniger vor dem Tod. Der Wille Gottes soll geschehen!"

Ab dem 3. 1. 1986 erwachte Vicka nicht mehr für die abendliche Erscheinung aus dem Koma, sondern erlebte sie während ihrer Bewußtlosigkeit. Nach dem 6. Jänner hatte Vicka zum ersten Mal für längere Zeit keine Erscheinungen: fünfzig Tage hindurch sah sie die Gospa nicht und während dieser Zeit tat sie das, was ihr die Gospa aufgetragen hatte. Sie ging allein auf den Kreuzberg und auf den Erscheinungsberg. Scheinbar lautete ihr Auftrag, zu beten und Buße zu tun. Um ihr dies zu ermöglichen, befreite sie die Gospa von den Kopfschmerzen und der Bewußtlosigkeit. Die Gospa fragte Vicka zuvor um ihre Zustimmung.

Am 23. 4. 1986 gab die Mutter Gottes Vicka einen neuen Auftrag und kündigte ihr an, daß sie ihr 40 Tage lang nicht erscheinen werde. Dieses Mal verlangte sie nicht ihr Einverständnis. Ende Mai mußte Vicka nach Zagreb, um erneut operiert zu werden. Sie mußte aber auf den Operationstermin warten und in dieses Zeit fiel auch der 4. Juni, der Tag, an dem sich die Erscheinungen fortsetzen sollten. Vicka dachte, es werde wie üblich am Abend sein, aber die Mutter Gottes überraschte sie. Sie kam unerwartet, während Vicka im Hause eines Verwandten das Mittagessen vorbereitete: Plötzlich spürte sie, wie etwas ihren Körper durchzuckt, und sie fand sich – ohne einen Schritt zu machen oder die Tür zu öffnen – im Zimmer, wo die Gospa sie schon erwartete, Vicka wurde schließlich am 7. Juni operiert.

Danach kam über Vicka ein neues Leiden: langandauerndes und schweres Erbrechen. Es gab keine Hilfe. Am 23. 8. kündigte ihr die Mutter Gottes die dritte Pause der Erscheinungen an und gab ihr einen neuen Auftrag, den sie bis zum 20. Oktober erfüllen sollte. Auch diesmal fragte sie die Gospa nicht um ihre Zustimmung, und auch jetzt, wie auch während der vorangegangenen Erscheinungspause, befreite sie sie nicht von ihren Kopfschmerzen.

Nach dem 20. Oktober 1986 litt Vicka, wie schon früher, an ihrer Bewußtlosigkeit, aber an der Situation hatte sich etwas geändert: Die Mutter Gottes kam zu ihr nicht mehr zur üblichen Zeit, sondern unvorhergesehen zwischen drei und fünf Uhr nachmittags. Vicka erwachte dann jedesmal aus ihrer Bewußtlosigkeit und fiel nach der Erscheinung wieder in ein Koma.

Anhand zahlreicher Symptome war es schon längst klar, daß Vickas Krankheit keine gewöhnliche Krankheit war, sondern daß hier die Mutter Gottes Regie führte. Nach dem Willen Gottes hatte die Gospa sie ausgesucht und ihr ein schweres und langwieriges Leiden aufgebürdet. Vicka schwieg lange Zeit darüber, auch vor den Angehörigen ihrer Familie. Später enthüllte sie aber doch jemandem, daß sie bereits im Jahre 1982 auf die Frage der Gospa, ob sie das Leiden annehmen wolle, mit einem großen „Ja" geantwortet hätte und somit bewußt und freiwillig alles auf sich genommen hätte. Die Gospa gab ihr aber zu wissen, daß auch dieses Leiden aufhören wird, nur sagte sie ihr noch nicht, wann das sein würde.

Am 4. 2. 1988 schickte Vicka an Pater Janko Bubalo folgenden kurzen Brief: „Janko, was ich dir versprochen habe, ist eingetreten: Meine Leiden werden am 25. 9. 1988 zu Ende sein. Das gilt nur für Dich als Beichtgeheimnis. Es grüßt Dich herzlichst Deine Schwester Vicka." Pater Bubalo empfing den Brief am selben Tag, las ihn und verschloß ihn. Am 25. 9. 1988 wurde er vor Augenzeugen geöffnet. Am selben Tag in der Früh, es war Sonntag, hat Vickas Leiden ganz aufgehört, ihre Kopfschmerzen, ihre Bewußtlosigkeit und alles andere, woran sie mehrere Jahre hindurch gelitten hatte. Seitdem ist sie völlig gesund und fühlt sich sehr gut. Aber auch jetzt darf sie nicht sagen, aus welchen Gründen die Mutter Gottes von ihr dieses Leiden verlangt hat. Seitdem erlebt sie die Erscheinungen regelmäßig mit den anderen Sehern.

Marija Pavlović

Marija Pavlović, geb. am 1. 4. 1965 hat noch zwei Schwestern und drei Brüder. Ihr Vater ist Bauer. In Mostar beendete sie die Schule für Friseusen. Während sie die Schule besuchte, wohnte sie bei Verwandten in Mostar und kam an den Wochenenden nach Hause. Im letzten Jahr 1982/83, fuhr sie täglich von Bijakovići in die Schule nach Mostar. Sie hat sich entschlossen, ins Kloster zu gehen, und hat später doch geheiratet. Von den anderen Sehern unterscheidet sie sich durch ihre Frömmigkeit seit frühester Kindheit.

Ihr Bruder Andrija erkrankte schwer an den Nieren. Nachdem sich alle anderen Heilungsversuche als nutzlos erwiesen hatten, entschloß sich Marija, ihm eine ihrer Nieren zu spenden. Die Transplantation der Niere wurde in Alabama in den Vereinigten Staaten am 12. 12. 1988 durchgeführt. Ihr Bruder fühlt sich nach der Operation gut, aber Marija hat seitdem Schwierigkeiten mit ihrer Gesundheit. Deshalb verkehrt sie in letzter Zeit nicht mehr so viel mit den Pilgern.

Im Oktober 1985 zeigte das jugoslawische Fernsehen im Rahmen der Sendung „Kino-oko" (Kino-Auge) einen Film über Medjugorje. Die Reporter des Fernsehens waren am Schauplatz und haben alles objektiv aufgenommen. Von allen Sehern wurde in dieser Sendung Marija am meisten interviewt, einfach deswegen, weil die Reporter sie am leichtesten „erwischen" konnten, da sie ständig zu Hause und für die Pilger da war. Die etwas herausfordernde Frage des Reporters: „Hast du dich jemals in jemanden verliebt?", hat Marija ruhig und souverän beantwortet: „Ja, schon vor langer Zeit habe ich mich in Jesus Christus verliebt!"

P. Janko Bubalo sagt von ihr, daß sie die ruhigste und zurückgezogenste von den sechs Sehern ist. Sie fällt nicht auf, und obwohl sie ständig im Zentrum der Aufmerksamkeit steht, ist sie einfach und bescheiden geblieben und in ihrem Inneren völlig „verliebt in Jesus Christus", ganz Maria gehörig. Ohne Einschränkung hat sie sich der Mutter Gottes für die Ausführung der Pläne Gottes zur Verfügung gestellt. Sie ist schlank und zart, weil sie viel fastet, hat aber

Marija Pavlović

doch die nötige Kraft, um allen Anforderungen zu entsprechen.

„Unser Gefühl während der Erwartung der Erscheinung können wir nicht beschreiben, denn niemand könnte begreifen, wie groß in uns die Sehnsucht nach der Begegnung ist. Wenn die Mutter Gottes kommt, erleben wir sie jedesmal neu, immer noch schöner, auch ihr Aussehen und ihr Antlitz. Vielleicht deswegen, weil wir immer mehr wachsen, je mehr wir mit ihr zusammen sind; wir sehen, daß sie immer schöner wird. So, als würden wir sie immer besser kennenlernen . . ." (Marija in einem Gespräch, Kršni Zavičaj, Nr.19/86, S.238).

Wir können uns schwer in das hineinleben, was die Seher erleben, weil uns ihre Erfahrung fehlt. Aus ihren Aussagen können wir es vielleicht ein wenig erahnen. Es ist aber klar, daß es um einen ungeahnten geistlichen Reichtum geht.

Marija Pavlović heiratete am 8. 9. 1983 in Mailand Paolo Lunetti. Im Juli 1994 schenkte sie einem Sohn das Leben. Die Familie lebt in Italien, aber mehrmals im Jahr kommt sie auch nach Medjugorje.

Ivan Dragićević

Ivan Dragićević, geb. am 25.5.1965, hat noch drei Geschwister. Im Herbst 1981 ging er ins Franziskaner-Knabenseminar nach Visoko bei Sarajevo, und im Herbst 1982 ins Knabenseminar nach Dubrovnik. Sein Vater ist Landwirt.

Er wünschte sich, Priester und Franziskaner zu werden. Im Seminar erlebte er große Enttäuschungen. Als Seher wurde er nicht verstanden und nicht angenommen. Gott allein weiß, wie sehr er deswegen leiden mußte. Und das Lernen fiel ihm sehr schwer,

Ivan Dragićević

sodaß er nach zwei Jahren das Seminar verlassen mußte.

Nur ihm, als einzigen von den Sehern, hat die Mutter Gottes angeboten, seine eigene Zukunft vorauszusehen. Zuerst weigerte er sich, aber dann nahm er das Angebot an. Was ihm damals die Mutter Gottes gesagt hat, darüber spricht er zu niemandem.

Vom 19. 6. 1986 bis zum 13. 6. 1987 war er beim Heer in Ljubljana (Laibach). Dort hatte er keine regelmäßigen Erscheinungen, nur an Samstagen und Sonntagen, wenn er die Kaserne verließ. Auf die Fragen nach seinen Plänen für die Zukunft, antwortet er, daß die Mutter Gottes mit ihm ihren Plan hat. Auch in dieser Hinsicht ist er völlig ruhig.

Auf die Frage, wie er persönlich die Erscheinungen erlebt, antwortet Ivan: „Die Erscheinungen sind für mich jedesmal eine Begegnung mit der Mutter Gottes und immer etwas Neues, ein neues Gefühl, ein neues Erlebnis, eine neue Begegnung. Von der Begegnung gestern zur Begegnung von heute wirkt das in mir fort, den ganzen Tag. Ich denke stets daran. Was immer ich im Laufe des Tages auch denke, tue oder sehe - immer habe ich das Bild der Muttergottes vor mir, und ich frage mich bei jeder Tätigkeit, ob die Mutter Gottes mit mir zufrieden ist. Allein das macht mir Freude. Für mich ist also jede Begegnung ein neues Erlebnis. Ich bemühe mich, das Erlebnis in mir auszubauen, wachzuhalten, mich danach auszurichten, sodaß es ein Bestandteil von mir wird. Meine Beziehung zur Mutter Gottes bedeutet mir jetzt mehr als die Beziehung zu meiner eigenen Mutter." (Gebetsaktion Medjugorje Wien, Nr. 14, S. 14–15)

Ivan heiratete am 23. 10. 1994 in Boston, den Vereinigten Staaten, Loreen Murphy. Das junge Ehepaar lebt jetzt in Bijakovići.

Jakov Čolo

Jakov Čolo, geb. am 6. 3. 1971, lebte allein mit seiner Mutter in Bijakovići. Sein Vater arbeitete in der Nähe von Sarajevo und kam nur selten nach Hause. Jakov hat aus der ersten Ehe des Vaters zwei Schwestern, in der zweiten Ehe war er das einzige Kind. Er trat bereits ein Jahr früher als notwendig in die Volksschule ein. Ab dem Herbst 1986 besuchte er die Mittelschule in Čitluk. Seit er diese Schule beendet hat, ist er zu Hause.

Am 5. 9. 1983 ist seine Mutter gestorben, und nicht viel später auch sein Vater. Nun lebt Jakov in der Obhut seines Onkels und seiner Tante in der Nachbarschaft und er half den Franziskanern im Pfarrhaus in Medjugorje.

Vom 21. bis zum 30. 3. 1990, zum ersten Mal seit dem Beginn der Erscheinungen, erschien die Gospa Jakov zehn Tage lang nicht. Sie hat ihm empfohlen, diese Zeit hindurch für ihre Anliegen zu beten. „Es war mir schwer und etwas ungewöhnlich, weil lange Zeit hatte ich die Erscheinungen ohne Unterbrechung."

„Ich bin darauf bedacht, tagsüber möglichst viel Zeit im Gebet zu verbringen. Das wünscht sich ja die Mutter Gottes von uns, und daß wir ihre Botschaften leben. Gerade deswegen, glaube ich, hat sie gesagt, daß wir uns ihrer Gegenwart nicht bewußt sind; denn wenn wir uns dessen bewußt wären, würden wir ihre Botschaften verwirklichen und das, was sie sagt."

„Wir sind wie die anderen Menschen normal. Ich glaube, daß ich mich normal verhalte, wie alle an-

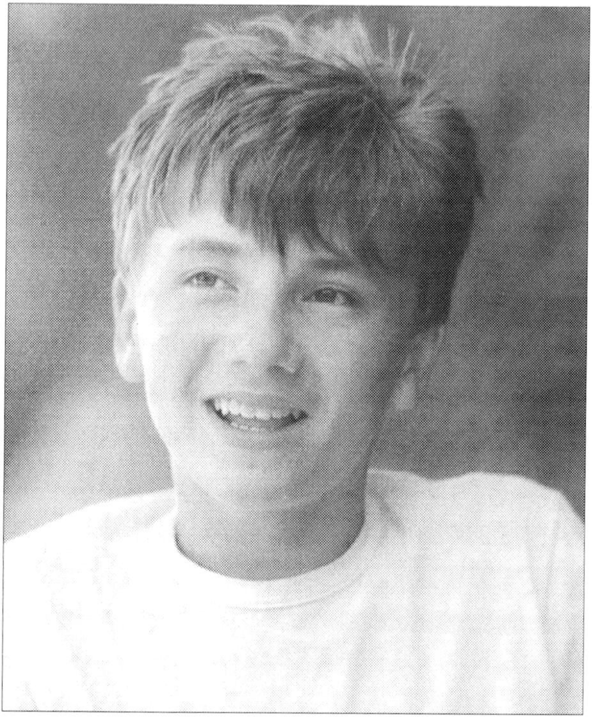

Jakov Čolo

deren. Ich möchte sein, wie es meine Altersgenossen sind – nicht in allem, aber doch in einigen Dingen..." (Gebetsaktion Medjugorje Wien, Nr. 17, S.16–20)

Jakov Čolo hat inzwischen auch geheiratet. Seine Frau Annalisa schenkte ihm im Januar 1995 ein Töchterchen. Die Familie lebt in Bijakovići.

Jelena Vasilj und Marijana Vasilj

Jelena: „Ich sehe die Mutter Gottes als meine Mutter. Jesus sehe ich als Freund, als Bruder und Gott als meinen Vater. Sie sind mir so nahe, sie helfen mir und erfreuen mich sehr . . . Gott will nicht, daß ich mich von meinen Freunden entfernen soll. Er will vielmehr, daß uns eine innige Freundschaft verbindet, daß ich ihnen erzähle, daß ich ihnen durch mein Gebet zeige, was Gott für mich ist . . . Die Gospa ist ganz weiß gekleidet und schaut aus wie ein junges Mädchen, wie eine junge Frau. Der Mantel und der Schleier sind in einem. Sie trägt keine Krone, sondern Sterne um den Kopf. Die Füße sind von einer Wolke umhüllt. Um die linke Hand hat sie einen Rosenkranz. Oft ist sie sehr freudig und froh, oft aber weint sie . . . Die Stimme, die ich gehört habe, ist sehr schwer zu beschreiben – ich kann sie eigentlich überhaupt nicht beschreiben . . . Die Gospa zeigt mir auch Jesus am Kreuz. Ich habe Jesus auch als Auferstandenen gesehen. Aber bei mir ist es irgendwie anders als bei den anderen Sehern. Ich sehe die Mutter Gottes irgendwie mit dem Herzen und nicht mit den Augen. Vorher bete ich immer sehr viel. Und dann sehe ich sie, wenn ich die Augen geschlossen habe."

Marijana: „Die Gospa hat sich uns als die Mutter der Güte, Liebe und Barmherzigkeit vorgestellt. Sie spricht am meisten über das Gebet -- man soll viel beten – und über das Fasten. Sehr oft spricht sie auch über den Frieden, der für die Welt so wichtig ist. Die Gospa sprach auch von der Liebe. Einmal sagte sie: „Liebe Kinder, ich schenke euch sehr viel Liebe, aber es hängt von euch ab, wieviel ihr aufnehmen könnt!" (Medjugorje, Styria, Graz 1986, S. 62–64).

Pater Janko Bubalo: „Den sechs Sehern von Bijakovići stellt sich die Gospa als ein Zeichen für die Menschheit vor, an die eine globale, allgemeine Einladung zum Heil gerichtet wird; über Jelena und Marijana führt die Gospa in die Tiefe des Geistes, belehrt sie und hilft ihnen im geistlichen Wachstum. Beide Gesichtspunkte stimmen mit dem Programm der Gospa in Medjugorje überein." (Girard-Bubalo, Medjugorje – ein gesegnetes Land, S. 198)

Pater Slavko Barbarić: „Die Gabe, die Jelena bekommen hat, entstand und entwickelte sich im Gefüge der Ereignisse in Medjugorje. Ich wage zu sagen, daß das eine Folge der Ereignisse ist, die im Juni 1981 begonnen haben . . . Die erste Gruppe der Seher . . . ist Seher und Vermittler. Ihre Visionen hängen nicht von ihrem persönlichen Gebet und Fasten ab, auch nicht von ihrer Liebe den Menschen gegenüber, mit denen sie zusammen leben. Sie haben also diese Gabe ‚von außen' erlangt, ohne eigene Verdienste, durch Gottes freie Auswahl. Die Botschaften, die sie uns im Namen der Mutter Gottes überbringen, werden sie in dem Ausmaß begreifen, in dem sie selbst beten und fasten. Sie können aber auch völlig oberflächlich bleiben in der Weitergabe der Botschaften.

Jelena Vasilj und die anderen um sie herum . . . haben auf den Aufruf der Seher durch persönliches Gebet und Fasten geantwortet . . . Die Gabe der Jelena kann man als ‚Herzstück' aller dieser Vorgänge in Medjugorje bezeichnen, wenn die Rede von der

Erweckung des Glaubens und des Geistes des Gebetes und der Buße ist . . . Jelena muß beten, muß lieben und verzeihen, muß fasten, um ‚hören und sehen' zu können. Sie muß das alles als erste vorleben, damit diese Gabe weiterbestehen, sich entfalten und in ihr leben kann . . .

Die Rolle der Marijana . . . ist die gleiche . . . Beide Mädchen helfen und unterstützen einander in Hinsicht auf das beschriebene Charisma. Auf diese Weise wird auch die Gefahr einigermaßen verringert, daß eines der Mädchen, zum Beispiel Jelena, zu sehr in den Mittelpunkt der Aufmerksamkeit gerät..." (Medjugorje, Svetna Baśstina, Duvno 1986, S. 60–61)

An einer anderen Stelle hat Jelena das Aussehen der Mutter Gottes so beschrieben: „Sie ist ganz in Weiß. Am Rand des Mantels und des Kleides hat sie goldene Streifen. Das Kleid und der Mantel sind ganz weiß. Es ist ein leuchtendes Weiß. Sie hat braune Augen und braunes Haar. Sie lächelt sehr oft, die Hände hat sie gefaltet. In der linken Hand hat sie einen braunen Rosenkranz. Sie hat keine Krone, nur Sterne um das Haupt." (Gebetsaktion Medjugorje, Wien, Nr. 1, S. 29)

Jelena: „Sie (die Gospa) hat mir keine besonderen Botschaften gegeben, die nur für mich wären. Sie sagte, daß die Botschaften für alle sind und da habe ich immer verstanden, daß dies auch für mich gemeint ist . . . Die Mutter Gottes hat besonders erwähnt, daß auch das Leid ein Weg zu Jesus ist. Und sie sagt uns, daß uns Gott durch unsere Schwierigkeiten führen möchte. In einer Botschaft sagt sie, es sei nicht nur wichtig, was wir den Menschen geben möchten, sondern es sei wesentlich wichtiger, wie groß dabei unsere Liebe ist. Sie erinnerte uns an die Worte des hl. Paulus, der sagt: Auch wenn du alle Sprachen sprechen würdest, aber keine Liebe hättest, es wäre nichts. (Kor 13, 1) Sie betont also, daß in unserem Leben die Liebe unsagbar wichtig ist.

Sie sagt, daß wir viel für den Frieden in der Welt beten sollen, besonders für den inneren Frieden. Sie sagt, wenn wir unseren inneren Frieden erreichen, wird es keine Probleme mehr geben unter den Menschen, unter den Nationen. Wir sollen auch sehr viel für die Bedürfnisse der Jugendlichen beten. Sie sagt, daß sie vor allem wünscht, daß die Jugendlichen gemeinsam auf dem Weg gehen und daß diese Gemeinschaft wie ein Schutz sein soll für all die jungen Menschen. Aus meiner Erfahrung kann ich auch sagen: Die Zeit des Gebetes ist nicht eine Zeit, die uns verlorengeht. Das Gebet gibt unserem Leben erst den richtigen Sinn." (Gebetsaktion Medjugorje, Wien, Nr. 15, S. 20)

Auf die Frage: Wie ist es, wenn die Mutter Gottes zu dir spricht, antwortete Marijana: „Das ist ein Empfinden, eine Eingebung, wie eine Stimme unseres Gewissens. Im Unterschied zu den anderen sechs Sehern befinden wir uns nicht in Extase, wir befinden uns in einem ganz normalen Zustand. Während der Zeit, in der die Mutter Gottes zu uns spricht, empfinden wir einen tiefen Frieden, eine Liebe, die von innen kommt. Die Gospa hören wir nur im Gebet . . . Nicht in jedem Gebet, sondern mindestens dreimal in der Woche, wenn die Mutter Gottes die Botschaft an die Gebetsgruppe gibt. Die Mutter Gottes gibt auch Botschaften für uns (persönlich) oder für andere . . . Meistens höre ich die Mutter Gottes, vereinzelt sehe ich sie auf die Weise der inneren Schau. Ich sehe die Mutter Gottes nie mit meinen physischen Augen." (Gebetsaktion Medjugorje, Wien, Nr. 16, S. 11–12)

Seit Herbst 1987 besuchten Jelena und Marijana die medizinische Mittelschule in Mostar. Sie fuhren täglich dorthin und kehrten nach Hause zurück. Jetzt studiert Jelena Theologie in Wien.

Die erste Gebetsgruppe

Medjugorje ist etwas Einzigartiges in der Geschichte der katholischen Kirche und in der Geschichte der Marienerscheinungen. Deswegen sagt Vicka mit Recht, daß die Mutter Gottes in Medjugorje erscheint, wie sie noch nie und nirgendwo erschienen ist und erscheinen wird. (Girard-Bubalo, Medjugorje - ein Gesegnetes Land, S. 186) Es sind schon vierzehn Jahre vergangen seit dem Beginn der Erscheinungen der Mutter Gottes und noch immer, davon bin ich fest überzeugt, kann niemand von uns auch nur annähernd erahnen, was Gott durch die Mutter Gottes in Medjugorje und durch Medjugorje verwirklichen wird. Aber vieles davon hat schon ein ziemlich konkretes Aussehen. Hier müssen wir vor allem die Gebetsgruppen erwähnen. Diese Gruppen sind etwas ganz besonderes; etwas, was es bisher in dieser Form nie gegeben hat. Es gab und es gibt auch heute in der Welt viele Gruppen oder Gemeinschaften, die an die Gruppen von Medjugorje erinnern. Aber bisher ist es nie geschehen, daß die Mutter Gottes selber eine solche Gruppe formiert oder geleitet hätte.

Die erste bzw. kleinere Gruppe entstand spontan, eigentlich schon mit den ersten Erscheinungen am Podbrdo. Eine kleinere oder größere Gruppe von jungen Gläubigen hat sich oft am Abend zusammengefunden und ist mit einem oder mehreren Sehern auf den Erscheinungsberg gegangen. Dort haben sie gebetet und gesungen. Während der Zeit des Verbotes geschah alles sehr still und leise. Oft erschien den Sehern bei dieser Gelegenheit die Mutter Gottes. Am 4. 7. 1982 waren wieder fünf oder sechs von ihnen oben. Die Mutter Gottes kam, betete mit ihnen, segnete sie und nannte ihnen den Tag und die Zeit, wann sie sich wieder treffen sollten. Die Gruppe hatte nicht mehr als 15 Mitglieder. Es kamen einige neue hinzu, und einige von den früheren blieben fort. Die Mutter Gottes verlangte von ihnen, daß sie ihr mit ihren Gebeten zu Diensten seien. Von diesem Tag an erschien die Mutter Gottes bei diesen Begegnungen den Sehern regelmäßig und sprach durch sie zu der Gruppe.

Am Anfang waren sie allein bei diesen Begegnungen. Später schlossen sich Pilger an. Manchmal kamen sogar bis zu zehntausend und auch mehr. Die Gruppe wächst in der Gemeinschaft und in der Intensität ihres geistlichen Lebens. Sie alle haben wunderbare Dinge erlebt und in der Schule der Mutter Gottes vieles gelernt; aber darüber können sie vorläufig nicht sprechen.

Ort der Erscheinung – Ort des Gebetes

Der Seher Ivan ist derjenige, der am häufigsten oder sogar regelmäßig in dieser Gruppe anwesend ist, und durch ihn gibt die Gospa die Botschaften und Anweisungen an die Gruppe. Durch andere Seher eigentlich nur dann, wenn Ivan nicht zum Treffen kommen kann. Über diese Gruppe sagt Ivan: „Wir treffen einander montags und freitags. Es ist der Wunsch der Mutter Gottes, daß wir uns auf dem Erscheinungsberg oder auf dem Kreuzberg treffen. In letzter Zeit fordert uns die Mutter Gottes in den Botschaften auf, soviel wie möglich zu beten, denn dies ist die Zeit der Gnade. Dies ist aber auch die Zeit, in der Satan alle abzulenken versucht; er will, daß wir vom rechten Weg abkommen. Am vorigen Freitag (am 12. 5. 1989 auf dem Podbrdo) betonte die Mutter Gottes: ‚Betet! . . . Und ich, eure Mutter, werde gemeinsam mit euch beten, meine lieben Kinder.' Schon allein dadurch sehen wir, wie sehr sie uns als Mutter helfen, uns begleiten möchte, daß wir im Kampf dem Satan stets mit der richtigen Waffe in der Hand begegnen." (Medjugorje, Wien Nr. 14, S. 12)

Noch einige Botschaften für diese Gruppe: „Meine lieben Kinder, heute Abend hat mich mein Sohn zu euch geschickt. Und ich bin glücklich unter euch, glücklich, weil ich euch so zahlreich sehe. Ich möchte, daß die Freude den ganzen Tag bleibt und daß ihr die Freude auch mit Gebet ergänzt. Lebt in der Freude! Ich gebe euch auch die Liebe, daß ihr in der Liebe lebt und die Liebe verbreitet. Die Mutter liebt euch, und ich bin an diesem Abend glücklich. Ich wünsche, daß ihr mitarbeitet; denn ich brauche eure Hilfe. Ohne euch kann ich nichts tun." (4. 8. 1988)

„Liebe Kinder, die Mutter ermuntert euch: betet in den nächsten zwei Tagen möglichst viel, um euch durch das Gebet gut vorzubereiten auf das kommende Fest. Liebe Kinder, ich möchte euch sagen, bringt in diesen Tagen den Frieden zu den anderen, regt sie an, sich zu ändern! Ihr könnt nicht, liebe Kinder, den Frieden verbreiten, wenn ihr keinen Frieden in euch habt. Ich gebe euch heute Abend den Frieden, bringt ihn den anderen! Liebe Kinder, seid ein Licht, das leuchtet!" (12.8.1988)

„Liebe Kinder, ich rufe euch heute auf: Sagt Dank Gott, dem Schöpfer! Dankt auch für die kleinsten Dinge. Ein jeder von euch soll alle Tage danken für seine Familie, für seinen Arbeitsplatz, für alle Menschen, die Gott euch auf den Weg gestellt hat." (29. 8. 1988 durch Marija Pavlović)

Die zweite Gebetsgruppe

Die zweite, bzw. große Gebetsgruppe entstand auf ausdrücklichen Wunsch der Mutter Gottes, den sie durch Jelena Ende Mai 1983 äußerte. Die Gospa wünschte eine Gruppe, die sie selbst leiten werde. Es sollten junge Menschen sein, Burschen und Mädchen, die noch nicht gebunden sind durch berufliche oder familiäre Verpflichtungen, und die sich Gott vollständig weihen möchten. Jeder sollte selbst die Entscheidung dafür treffen. Die Gospa gab ihnen einen Monat Bedenkzeit. Danach sollte jeder versprechen, daß er beten, fasten und die Opfer annehmen werde. Am 24. 6. 1983 gab die Mutter Gottes über Jelena Vasilj die Richtlinien, die Regeln für die Gruppe. Von jedem einzelnen der Gruppe erwartete sie folgendes:

Allen ungeordneten Begierden zu entsagen. Sich Gott ganz hinzugeben. Ein für allemal jede Angst abzulegen. Die Gegner und Feinde zu lieben beginnen. Zweimal in der Woche bei Brot und Wasser zu fasten. Täglich wenigstens drei Stunden dem Gebet zu widmen, die hl. Messe und das Rosenkranzgebet eingeschlossen. Von denen, die die Schule besuchen oder zur Arbeit gehen, verlangt die Mutter Gottes wenigstens eine halbe Stunde morgens und abends zu beten und, wenn möglich, die Teilnahme an der hl. Messe. Den Geist des Gebetes nicht versiegen zu lassen, sondern tagsüber freie Augenblicke zu nutzen, um seinen Geist zu Gott zu erheben. Vorsichtig zu sein, weil der Satan alle prüft, die sich entschlossen haben, sich ganz Gott zu weihen. Für den Bischof und die Geistlichen viel zu beten. Sich jeden Tag dem Herzen Jesu und Mariens zu weihen.

Die Gruppe umfaßte 38 Mitglieder. Vier davon sind verheiratet, die übrigen sind noch ledig. Die Mutter Gottes spricht zu ihnen durch Jelena und Marijana, sie belehrt sie im betrachtenden Gebet, im Rosenkranz, im Lesen der Hl. Schrift und in der Verwirklichung der Botschaften. Sie sollen Gott in allen Geschöpfen und in der Natur entdecken und ihm für alles danken. Die Gruppe hat jährliche Exerzitien und zeitweise intensivere Zusammenkünfte. Für andere ist sie nicht zugänglich.

Aus der großen Gruppe bildeten sich schon 1984 verschiedene Zweige, auch eine kleine Gruppe, die sich jeden Tag trifft und mehr Zeit dem gemeinsamen Gebet widmet. Über die Seherinnen gibt die Mutter Gottes dieser kleinen Gruppe besondere Hinweise.

In der Gruppe werden wunderbare Erfahrungen gemacht, über die Bücher geschrieben werden könnten. Aber jetzt ist es noch zu früh, darüber zu sprechen. Das Gebet steht in der Gruppe an erster Stelle. Die Mutter Gottes belehrt und erzieht sie im Gebet und durch das Gebet. Der Begriff des Gebetes umfaßt hier auch das Fasten, das Entsagen und das Durchdringen aller Aktivität mit den Erlebnissen aus dem Gebet. Es ist die Sehnsucht, immer mit Gott verbunden zu sein und immer tiefer in ihn zu versinken. Das ist das Verliebtsein in Gott. Die Mutter Gottes verlangt von der Gruppe auch die wöchentliche hl. Beichte und erzieht sie zur Gemeinschaft. Die Mitglieder der Gruppe sind untereinander fest verbunden und im gegenseitigen Austausch der Erfahrungen bereichern sie einander.

Mir scheint, daß die Mutter Gottes mit dieser Gruppe offensichtlich aufs Ganze geht. Durch die Gruppe möchte sie Heilige erziehen, die sich ihr vollkommen zur Verfügung stellen. Die Ära der Heiligen, die nach den großen Ereignissen kommen soll, scheint schon begonnen zu haben. Die Zeit ist vorbei, wo Gott es dulden konnte, daß wir ihm nur halb dienen. Die Scheidung der Geister, die Christus im Evangelium angekündigt hat, wird jetzt immer deutlicher und entschiedener.

Auf der Welt gibt es schon viele Gebetsgruppen, die leben und wachsen und sich nach dem Beispiel dieser Gruppe in Medjugorje entfalten möchten. Aber natürlich kann keine andere Gebetsgruppe das genaue Abbild der Gruppe von Medjugorje sein, weil die Voraussetzungen anders sind. – Aus den Botschaften der Mutter Gottes an diese Gebetsgruppe: 8. 11. 1986: „Liebe Kinder! Öffnet eure Herzen und erlaubt, daß Jesus euch führt. Für viele scheint das schwer zu sein, aber es ist so leicht! Ihr braucht nichts zu fürchten, denn ihr wißt, daß euch Jesus nie verlassen wird, und ihr wißt, daß er euch zur Erlösung führt."

12. 4. 1987: „Wenn ihr aus der Tiefe des Herzens liebt, bekommt ihr viel. Wenn ihr aber haßt, verliert ihr ebenso viel. Liebe Kinder, die Liebe vollbringt große Dinge. Je mehr Liebe ihr in euch habt, umso mehr könnt ihr die Menschen um euch lieben. Deswegen betet ununterbrochen zu Jesus, daß er eure Herzen mit Liebe erfüllt."

11. 7. 1987: „O Kinder! Ich wünsche, daß ihr jeden neuen Tag in Liebe und Frieden lebt. Ich wünsche, daß ihr Träger des Friedens und der Liebe werdet. Die Menschen brauchen diese Gnaden so sehr, aber weil sie nicht beten, haben sie sie verloren. Meine Kinder, ich lade euch ein: Betet, betet! Verwirklicht in euch das ewige Gebet, denn nur so werdet ihr bereite Gefäße sein. Durch das Gebet wird euer Vater aus euch Gefäße machen, wie er sie beabsichtigt hatte. Deshalb überlaßt euch ihm vollkommen!"

16. 7. 1988: „Liebe Kinder! Ich bin eure Mutter. Ich akzeptiere euch so, wie ihr seid. Ich akzeptiere eure Herzen, in denen die Hoffnung ist und manchmal auch die Angst. Ich akzeptiere eure Leiden, Probleme und Beklommenheit. Ich möchte euch helfen, daß ihr eure Kreuze mit Liebe tragen könnt. So wie jede Mutter wünscht, möglichst nahe ihrem Kinde zu sein, so möchte auch ich euch näher sein und ich wünsche, daß ihr bei mir seid. Ich möchte meine mütterliche Liebe einem jeden von euch schenken, jedem Kinde, das sich zurückgewiesen fühlt, das den Mangel der Liebe seiner Eltern und seiner Nächsten fühlt. Liebe Kinder, es gibt heute in der Welt so viele verlassene Kinder, so viele Kinder, die im Mutterleib getötet worden sind. Meine lieben Kinder, betet, daß es möglichst wenige Mütter gebe, die ihr ungeborenes Kind töten. Betet, daß es möglichst wenig zurückgewiesene Kinder gebe! Betet, nur das Gebet kann den Menschen retten. Nur das Gebet und die aufrichtige Reue führen zu Gott, führen auf den Weg des Heiles."

9. 8. 1988: „Liebe Kinder! Dankt Jesus immer, in jedem Augenblick eures Lebens, auch dann, wenn ihr müde seid und nicht weiter könnt. Dankt ihm, weil er der ist, der den Frieden schenkt, der die Kraft schenkt. Deshalb sucht Frieden und Kraft in ihm und von ihm. Betet, liebe Kinder, daß er euch auf den rechten Weg führt. – Liebe Kinder, tragt die Liebe Jesu zu den anderen! Die Welt braucht die echte Liebe. Seid ihr Spiegel der Liebe für diese Welt. Liebe Kinder, glaubt an die Liebe, mit der ich euch liebe, zusammen mit Jesus und das wird euch viel Kraft ge-

ben, um eure Brüder und Schwestern wirklich lieben zu können. Ich segne euch!"

Lange Zeit hindurch war nicht klar, was eigentlich die Gospa mit dieser Gruppe erreichen will. Heute, im Mai 1995, glaube ich sagen zu können, daß das Hauptziel dieser Gebetsgruppe in Medjugorje die Entstehung einer ganz neuen Gemeinschaft in der Kirche war. Zu dieser Gemeinschaft, so scheint es mir, führte alles, was die Gospa mit dieser Gruppe und für sie unternommen hat. Auch glaube ich, daß diese Gemeinschaft eine große Zukunft hat.

„P. Tomislav Vlašić leitete die Gebetsgruppe in Medjugorje. Jetzt hat er die Leitung der Gemeinschaft Kraljice Mira, potpuno tvoji – po Mariji k Isusu (Königin des Friedens, ganz Dein – durch Maria zu Jesus), die von Erzbischof Msgr. Antonio Valentini in Chienti ad experimentum anerkannt wurde. Die Mitglieder der Gemeinschaft opfern bereitwillig ihr Leben durch das Unbefleckte Herz Mariens Gott auf. Am 25. Juni 1992 legten sechs Mitglieder der neuen Gemeinschaft das Gelübde ab und erhielten das Ordenskleid." (Medjugorje, Wien, Nr. 26, S. 22)

Die Gemeinschaft hat auch einen breiteren Kreis, in dem sich alle finden sollen, die dasselbe Ideal zu Hause, in ihren Familien und an ihren Arbeitsplätzen leben und verwirklichen wollen. Sie tun es, indem sie sich in kleinen Gruppen zusammenfinden und die Gläubigen der ersten Kirche Christi in Jerusalem nachzuahmen versuchen.

Die Mutter Gottes segnet

In ihrer Botschaft vom 18. 7. 1985 lädt die Mutter Gottes uns ausdrücklich ein, geweihte Gegenstände bei uns zu tragen: „Heute lade ich euch ein, bringt in eure Häuser mehr geweihte Sachen und tragt jeder etwas Geweihtes an euch. Segnet alle Gegenstände, so wird euch der Satan weniger versuchen, weil ihr einen Schild gegen ihn habt."

Schon in den ersten Tagen der Erscheinungen haben die Seher die Mutter Gottes gebeten, verschiedene Gegenstände von ihnen und den anwesenden Gläubigen zu segnen (Rosenkränze, Bilder, Statuen, Kerzen, Kleider für die Kranken, Wasser usw.). Und sie tat es immer gerne. Auch die Franziskaner in Medjugorje segnen jeden Abend nach der hl. Messe solche Gegenstände. Seitdem die Erscheinungen auf der Empore der Kirche erfolgen, wohin die Gläubigen nicht kommen können, segnet die Gospa - so berichtete die Seherin Marija - alle diese Gegenstände gemeinsam mit dem Priester.

Jedem Gläubigen ist bewußt, daß ein geweihter Gegenstand kein Zaubermittel ist, das automatisch die gewünschte Hilfe bringt, sondern daß dafür unser Glaube und unser Gebet notwendig sind, also unsere persönliche Beteiligung. Gott und der Mutter Gottes fällt es nicht schwer, uns auch durch die kleinen Dinge des Lebens ihre Liebe und Fürsorge zu zeigen, wenn dies zu unserem geistlichen Nutzen gereicht.

Über Jelena Vasilj hat uns die Mutter Gottes am 22. 6. 1985 ein besonderes Gebet für die Kranken gegeben, und sie hat gewünscht, daß wir dieses Ge-

bet über den Kranken beten, wie auch, wenn wir für sie beten. Ich glaube, daß es auch die Kranken für sich selbst beten können, indem sie die Worte auf ihre eigene Situation abstimmen. Auch dieses Gebet - was auch für alle unsere anderen Gebete gilt - müssen wir mit Ausdauer beten, so wie man sich auch der geweihten Gegenstände ausdauernd bedienen muß, damit ihre Wirkung sichtbar und tatkräftig sein kann.

Die Donnerstag-Botschaften der Mutter Gottes

Die Mutter Gottes hat über ihre Seher immer wieder Botschaften gegeben, die auf eine besondere Weise an die Pfarrangehörigen der Pfarre Medjugorje gerichtet sind. Anfang 1984 hat sie über Jelena Vasilj den Wunsch geäußert, daß sich die Pfarrangehörigen einmal wöchentlich, wenn weniger Pilger da sind, zur hl. Messe versammeln, damit sie die Gemeinde ins geistliche Leben einführen kann. Die Franziskaner haben entschieden, daß dieser Tag der Donnerstag sei. Seit dem 1. März 1984 versammeln sich die Pfarrangehörigen in größerer Zahl jeden Donnerstag zur Abendmesse. Die Mutter Gottes hat seitdem regelmäßig jeden Donnerstag, nur in Ausnahmefällen an anderen Tagen, den Pfarrangehörigen ihre Botschaften gegeben, und zwar über die Seherin Marija Pavlović, gelegentlich jedoch über andere Seher. So geschah es bis zum 8. Jänner

1987. Seitdem gibt sie ihre Botschaften an jedem 25. des Monats.

Diese Botschaften sind in erster Linie an die Pfarrangehörigen von Medjugorje gerichtet. Die Mutter Gottes sagte, daß sie die Pfarre auf eine besondere Weise ausgewählt und Gott mit dieser Pfarre besondere Pläne hat. Deswegen möchte sie diese Pfarre in Liebe führen und beschützen. Sie möchte, daß alle Pfarrmitglieder sich wirklich bekehren. Diese Botschaften sind eigentlich ein Ansporn für die Pfarre, ihre Umkehr zu leben und sich der Mutter Gottes völlig zu überlassen. Sie möchte durch ihre Botschaften die Pfarrmitglieder erziehen und befähigen, die Pläne Gottes und ihre Pläne auszuführen, besonders um diese Botschaften der Mutter Gottes glaubwürdig an die Pilger weitergeben zu können.

Von Anfang an war es klar, und die Mutter Gottes hat es auch betont, daß ihre Botschaften nicht nur auf die Pfarre Medjugorje begrenzt, sondern an alle Menschen guten Willens gerichtet sind, die bereit sind, sie anzunehmen und zu leben. Und die Gläubigen, die Verehrer der Mutter Gottes in der ganzen Welt, haben ihre Botschaften mit Freude und Begeisterung aufgenommen. Die Botschaften werden sofort in andere Sprachen übersetzt. Nicht nur Pilger haben sie angenommen und verbreitet. Auch per Telefon und Telefax werden sie nach Bekanntgabe sofort weitergegeben. Verschiedene Zeitschriften und Radiosender bringen regelmäßig die Botschaften. Die Botschaften werden auch in besonderen Heften gedruckt. Und es gibt Bücher, die sich mit ihnen auseinandersetzen. In vielen Ländern kann man durch

Fra Slavko Barbarić

das Wählen einer bestimmten Telefonnummer über ein Tonband die neueste Botschaft der Mutter Gottes hören.

Unzählige Seelen schöpfen aus diesen Botschaften der Mutter Gottes Erkenntnis und Ansporn für ihr geistliches Leben, ihr Wachstum im Glauben und ihren Weg zur Erfüllung des Willens und der Pläne Gottes. Man hört von vielen Menschen, die ihre Bekehrung durch das Lesen und Hören dieser Botschaften erlebt haben. Schon das Annehmen der Botschaften zeugt von einer inneren Kraft und Stärke der Gnade, die Gott hier schenkt, und vom Wirken des Heiligen Geistes durch diese Botschaften.

Diese Botschaften sind auf den ersten Blick sehr einfach, so einfach, daß wir ihren tiefen Sinn leicht übersehen und sie aus diesem Grund nicht erfassen und nicht annehmen. Wenn wir sie aber mit Aufmerksamkeit lesen oder hören, wenn wir über sie nachdenken und sie betrachten und wenn wir uns bemühen, sie in unser Leben hineinzunehmen, dann entdecken wir ihre Weite und Tiefe, die Fülle ihres Inhalts und die Kraft der Gnade, die sie begleitet. Wir entdecken in ihnen das pädagogische Meisterwerk der Mutter Gottes. Durch sie hat die Mutter Gottes die Pfarre Medjugorje und uns alle allmählich in das Gebet und das christliche Leben eingeführt. Sie hat uns gelehrt, wie wir unsere Umkehr leben und auf diesem Weg immer voranschreiten sollen bis zum endgültigen Ziel: bis zur Heiligkeit, die darin besteht, daß wir mit Gott und in Gott leben; daß wir umso treuer den Willen Gottes in allem erfüllen und den Plan Gottes verwirklichen, den er mit uns allen und mit jedem einzelnen von uns hat.

Pater Slavko Barbarić: „In einer Botschaft hat die Mutter Gottes auch selbst gesagt, daß sie wünscht, daß wir ihre Botschaften mit dem Herzen hören. Und das ist die Voraussetzung, damit sie uns in ihrer Einfachheit nützlich sein können. Die mütterlichen Worte sind immer einfach und eines ist dem anderen ähnlich. Aber sie sind voll Liebe, und das macht sie schön. Daher, auch bevor wir sie lesen und uns bemühen, sie in unser Leben umzusetzen, entsteht eine Atmosphäre des Vertrauens und der Liebe, denn die Mutter spricht und möchte führen. Wenn wir so an diese kurzen Botschaften herantreten, werden wir in ihnen die ganze Tiefe und Weite der Liebe Gottes finden, die sich über die Mutter Gottes offenbart. Wir werden auch die Pädagogik, die Erziehung entdecken, die uns Gott durch Maria in diesen Tagen gibt." (Gospine poruke, Sveta Baština, Duvno 1986, S. 3-4)

Die Mutter Gottes spricht in ihren Botschaften am häufigsten über das Gebet, sie führt uns ins Gebet ein und lehrt uns, wie wir mit dem Herzen beten sollen. Ihren Worten nach besteht das Gebet nicht nur darin, daß wir tagsüber zu einem bestimmten Zeitpunkt beten, sondern daß unser Gebet praktisch den ganzen Tag erfaßt und durchdringt, alles Geschehen unseres alltäglichen Lebens. Die Mutter Gottes lehrt uns, daß das Beten die wichtigste Aufgabe ist, daß es notwendiger ist als alles andere und daß wir durch das Gebet alles erreichen können. Sie wünscht aber vor allem, daß wir mit dem Herzen beten, daß wir „nach Möglichkeit immer besser beten, damit das Gebet nicht nur ein äußeres Beiwerk unseres Lebens, sondern Notwendigkeit und Widerschein des Lebens wird." (P. Ivan Dugandžić, Gospine poruke - Medjugorje, Sveta Bastina, Duvno 1987, S.89)

In ihren Botschaften macht die Muttergottes wiederholt auf die Gefahr aufmerksam, die uns vom Satan droht. Sie lädt zum Fasten und Opfer ein. Oft dankt sie für alles, was wir für sie getan haben. Sie lädt zum Lesen der hl. Schrift ein und zur Beichte. Und durch alle diese Botschaften führt sie uns langsam, aber sicher zum Ziel, das sie auch deutlich definiert: heilig zu werden und die Heiligkeit zu leben. Hier nur einige von diesen Botschaften:

„Seht, heute möchte ich euch einladen, daß ihr alle von heute an das neue Leben zu leben beginnt. Ich möchte, daß ihr begreift, daß Gott jeden von euch auserwählt hat, um ihn für den großen Erlösungsplan der Menschheit zu verwenden. Ihr könnt nicht erkennen, wie groß eure Rolle im Plan Gottes ist. Deshalb betet, liebe Kinder, damit ihr im Gebet den Plan Gottes mit euch verstehen könnt. Ich bin mit euch, daß ihr ihn vollkommen verwirklichen könnt." (25. 1. 1987)

„Heute lade ich euch zum Gebet und Fasten ein. Ihr wißt, daß ich mit eurer Hilfe alles bewirken kann, sogar den Satan zwingen, daß er niemanden mehr zum Bösen verführt und sich auch von diesem Ort entfernt. Der Satan lauert auf jeden einzelnen. Er will besonders in den alltäglichen Dingen bei jedem einzelnen von euch Verwirrung stiften. Deshalb bitte ich euch, daß euer Tag nur Gebet und vollkommene Hingabe an Gott sei." (4. 9. 1986)

„Heute lade ich euch ein, daß ihr in euren Häusern

jeden Tag die Bibel lest. Sie soll an sichtbarer Stelle liegen, damit sie euch immer zum Lesen und zum Beten anregt." (18. 10. 1984)

„Heute lade ich euch zur Heiligkeit ein. Ohne Heiligkeit könnt ihr nicht leben. Deshalb besiegt mit Liebe jede Sünde. Durch Liebe könnt ihr alle Schwierigkeiten überwinden, die auf euch zukommen. Ich bitte euch, lebt die Liebe (in euren Herzen)." (10. 7. 1986)

„Auch heute lade ich euch ein, daß sich jeder von euch entscheidet, mir erneut alles ganz zu übergeben. Nur so werde ich jeden von euch darbringen können. Ihr wißt: Ich liebe euch unermeßlich und wünsche, daß jeder von euch mir gehöre! Aber Gott hat jedem die Freiheit gegeben, die ich in Liebe achte und vor der ich mich in Demut verneige. Ich wünsche, daß ihr helft, daß sich alles, was Gott in dieser Pfarre vorhat, verwirklicht. Wenn ihr nicht betet, werdet ihr meine Liebe und die Pläne, die Gott mit dieser Pfarre sowie mit jedem einzelnen hat, nicht entdecken können. Betet, daß euch Satan nicht mit seinem Hochmut und seiner trügerischen Stärke an sich zieht. Ich bin mit euch und wünsche, daß ihr mir glaubt, daß ich euch liebe." (25. 11. 1987)

„Heute lade ich euch zur Liebe ein, die Gott ergeben ist und die ihm gefällt. Meine lieben Kinder, die Liebe nimmt alles an, auch was hart und bitter ist, um Jesu willen, der die Liebe ist. Deshalb bittet Gott, daß er euch zu Hilfe kommt. Aber nicht euren Wünschen gemäß, sondern nach seiner Liebe. Übergebt euch Gott, damit er euch heilen und trösten kann, und daß er all das, was in euch ein Hindernis auf dem Weg der Liebe ist, verzeihen kann. So kann Gott euer Leben formen, und ihr werdet in der Liebe wachsen. Verherrlicht Gott, meine lieben Kinder, entsprechend dem Hohen Lied der Liebe, damit die Liebe Gottes in euch von Tag zu Tag bis zur Vollkommenheit wachsen kann." (25. 6. 1988 - Das Hohe Lied der Liebe des hl. Apostel Paulus siehe im ersten Korintherbrief, 13)

„Ich lade euch alle ohne Unterschied zum Weg der Heiligkeit in eurem Leben ein. Gott hat euch die Gabe der Heiligkeit geschenkt. Betet, damit ihr diese Gabe immer mehr erkennen könnt; dann werdet ihr Gott immer mehr mit eurem Leben bezeugen können. Ich segne euch und ich trete bei Gott für euch ein, damit euer Weg und euer Zeugnis vollkommen seien und Gott zur Freude werden." (25. 9. 1988)

„Heute lade ich euch zum Frieden ein. Als Königin des Friedens bin ich hierher gekommen und möchte euch mit meinem mütterlichen Frieden bereichern. Ich liebe euch und möchte euch alle zum Frieden hinführen, den nur Gott gibt und der jedes Herz bereichert. Ich rufe euch auf, Träger und Zeugen meines Friedens in dieser friedlosen Welt zu werden. Der Friede soll in der ganzen Welt, die friedlos ist und sich nach dem Frieden sehnt, zu herrschen beginnen. Ich segne euch mit meinem mütterlichen Segen!" (25. 7. 1990)

„Heute rufe ich euch auf, auf besondere Weise zu beten und Opfer und gute Taten für den Frieden in der Welt darzubringen. Satan ist stark und will mit allen Kräften den Frieden zerstören, der von Gott kommt. Deshalb, liebe Kinder, betet mit mir auf besondere Weise um den Frieden. Ich bin mit euch und möchte euch mit meinen Gebeten helfen und euch auf dem Weg des Friedens führen. Ich segne euch mit meinem mütterlichen Segen. Vergeßt nicht, die Botschaften des Friedens zu leben!" (25. 10. 1990)

„Heute rufe ich euch auf, Werke der Barmherzigkeit mit Liebe und aus Liebe zu mir und zu euren Brüdern und Schwestern zu tun. Liebe Kinder, alles, was ihr für die anderen tut, tut es mit großer Freude und Demut Gott gegenüber. Ich bin mit euch und bringe Tag für Tag eure Opfer und Gebete Gott für die Rettung der Welt dar." (25. 11. 1990)

„Heute, wie noch nie zuvor, lade ich euch zum Gebet ein. Euer Gebet sei ein Gebet um den Frieden! Satan ist stark und möchte nicht nur Menschenleben zerstören, sondern auch die Natur und den Planeten, auf dem ihr lebt. Deshalb, liebe Kinder, betet, damit ihr euch durch das Gebet mit dem Gottessegen des Friedens schützt. Gott hat mich unter euch gesandt, damit ich euch helfe. Wenn ihr das wollt, nehmt den Rosenkranz! Schon allein der Rosenkranz kann in der Welt und in eurem Leben Wunder wirken. Ich segne euch und bleibe mit euch, solange Gott es will. Ich danke euch, daß ihr meiner Gegenwart hier nicht die Treue brechen werdet, und danke euch, denn eure Antwort dient dem Guten und dem Frieden." (25. 1. 1991)

Ein Zeugnis über Medjugorje

Professor von Lobkowitz, der Präsident der Universität Eichstätt, hielt im Auftrag von Kardinal Höffer in der Dechantenkonferenz in Köln einen Vortrag über die Folgen des Zweiten Vatikanischen Konzils. Bei dieser Gelegenheit sprach er auch über Medjugorje. Hier nur ein kurzer Auszug aus seinem Vortrag: „Warum ich dieses Phänomen hier erwähne, und zwar gleich an erster Stelle? Es ist die noch vor wenigen Jahren undenkbare Ausstrahlungskraft, ja Wirkung von Medjugorje. Fast täglich fahren vor allem junge Menschen im Zug, im Auto, in vollbesetzten Autobussen Hunderte von Kilometern, um dort zu sein. Und sie fahren nicht aus Sensationsgelüsten hin, sondern um zu beten, sich zu bekehren, wenigstens einmal in der Woche bei Brot und Wasser zu fasten. Und nicht zuletzt: sie kehren zurück und beginnen ein neues Leben. Und sie fahren wenige Monate später nochmals nach Medjugorje.

Keine Politik, kein Klampfenschlagen, kein Wallfahrtsrummel, sondern fünf bis acht Stunden in der Kirche, bis zu fünf Rosenkränze am Tag, und dann, wenn sie zurückkehren, wenigstens ein Rosenkranz in der Woche, oft täglich. Die gleichen jungen Menschen, die noch wenige Monate zuvor an alles mögliche, nur nicht an Beten dachten, gehen nun regelmäßig zur Beichte und fast täglich zur hl. Messe - und veranlassen andere ihres Alters, ebenfalls hinzufahren." (Den vollständigen Text des Vortrages brachte die „Deutsche Tagespost" 19/20. Nov. 1985)

Christines Umkehr

Das Zeugnis einer jungen Pilgerin, die in Medjugorje zum Glauben zurückfand:

„Am Palmsonntag 1987 bin ich durch Gottes Fügung zum ersten Mal nach Medjugorje gekommen. Monatelang hatte ich mich dagegen gesträubt, hinzufahren. Ich war bei meiner Ankunft in Medjugorje Atheistin und hielt deshalb Marienerscheinungen grundsätzlich für unmöglich. Doch als ich drei Wochen später von Medjugorje wieder abgefahren bin – nur eine Woche Aufenthalt war geplant gewesen - war ich gläubig und hatte nur den einen Wunsch: mich wie ein kleines Kind an Maria zu klammern und ihre Hand nie mehr loszulassen, damit sie mich immer näher und näher zu Jesus führe.

Obwohl mein Elternhaus katholisch ist, hatte ich mich von meiner Kindheit an immer mehr von Gott und seiner Kirche entfernt. Mit 14 Jahren hatte ich mich vom Religionsunterricht abgemeldet und mich auch geweigert, sonntags zur Kirche zu gehen. Gebetet habe ich natürlich auch nicht mehr, und auch zur Beichte bin ich nicht mehr gegangen. Es begann damals eine lange Trotzphase, in der ich meine vermeintliche Freiheit und Selbstbestimmung gesucht habe. Ich wollte keine Autorität und keine Norm mehr anerkennen, weil ich mich eingeengt fühlte. Unter Freiheit verstand ich, alles was es gab, auszuprobieren und alles für erlaubt zu halten: Sex, Alkohol, atheistische und anarchistische Bücher, Kneipen, Diskotheken, Rockkonzerte. In den folgenden Jahren bestimmten Protest gegen meine Eltern und Konflikte mit ihnen in zunehmendem Maße mein Leben.

Gott hielt ich für eine Erfindung und die Situation des Menschen hielt ich im Grunde genommen für absurd. Die meisten Leute hielt ich für naiv und manipuliert, für grausam, oberflächlich und zynisch, ohne dabei zu bemerken, daß ich mehr und mehr selbst so wurde. Meine Reaktion bestand aus Ekel, Kritik, Hohn und Selbstzerstörung. Trotz all der Zerstreuung durch Nachtleben, Alkohol, Drogen, Kino, Theater, wechselnde Freunde war mein Inneres leer und hungrig nach Liebe. Damals wußte ich noch nicht, was ich jetzt weiß: daß die Liebe, die ich suchte, nicht in der Welt zu finden ist, sondern nur bei Gott. Ich war damals „frei" bis zur Verzweiflung, aber ich kannte keinen Frieden im Herzen. So hatte ich bis vor einem Jahr gelebt. Ich will nun erzählen, wie es gekommen ist, daß sich das so grundlegend geändert hat. 1985 hörte mein Vater zufällig von Medjugorje, und noch im selben Jahr fuhr er dorthin. Er kam ganz begeistert zurück. Im Jahr darauf waren dann auch alle anderen aus meiner Familie dort, nur ich nicht, obwohl mir natürlich alle davon erzählten. Ich wohnte aber zu jener Zeit schon nicht mehr bei meinen Eltern und reagierte manchmal richtig aggressiv, wenn ich etwas von diesen „Marienerscheinungen" hörte. Meistens aber machte ich mich darüber lustig.

Mit der Zeit jedoch veränderte sich das Verhalten meiner Eltern. Sie waren mir gegenüber offener und machten mir weniger Vorwürfe, selbst wenn ich unfreundlich war und schlecht gelaunt. Ich hatte zum ersten Mal das Gefühl, daß sie mich so akzeptierten, wie ich bin. Trotzdem war ich weit davon entfernt, die Botschaften von Medjugorje anzunehmen oder mich auch nur dafür zu interessieren. Allerdings wurde auch ich toleranter. Ich dachte: Na, ja, vielleicht ist das eine gute Bewegung. Aber mein Platz kann das nicht sein - nicht bei den Katholiken.

Ich lebte mein Leben weiter wie bisher, nur vielleicht gequälter als bisher.

Im Jahr 1987, zwei Tage nach dem Palmsonntag, fuhr meine Mutter mit meinem jüngsten Bruder und meinem Cousin wieder nach Medjugorje, und ich wollte – wie immer – partout nicht mitfahren, obwohl ich gerade Ferien hatte. Mir war es, als hätte ich in Medjugorje etwas zu verlieren, das ich nicht aufgeben wollte. Aber kaum, daß meine Mutter abgefahren war, überkam mich eine gewisse Unruhe, und ich bedauerte es nun doch ein bißchen, nicht mitgefahren zu sein. –- Einen Tag später, am Samstag, saß ich im Zug Richtung Süden, vom Gebet meines Bruders und meines Vaters begleitet.

Nach 30 Stunden Fahrt kam ich am Sonntagabend in Medjugorje an, als dort gerade die Abendmesse zu Ende war. Ich war ziemlich gereizt darüber, nun doch hier zu sein, wohin ich nie wollte. Auf der Suche nach der Gastfamilie meiner Mutter traf ich Pater Petar, der mich mit dem Auto dorthin brachte. Auf seine Frage, was mich hierher geführt hat, habe ich mich sehr gehen lassen und gebrummt: Ich weiß selber nicht, warum ich hier bin. Marienerscheinungen interessieren mich nicht, und an Gott glaube ich auch nicht. Da strahlte Pater Petar und sagte: Bin ich froh, daß Sie hier sind! Den Rest wird die Muttergottes schon machen. Ich muß zugeben, ich war recht verblüfft.

Meine Mutter fiel aus allen Wolken, da sie mich überhaupt nicht erwartet hatte. – Die ersten Tage in Medjugorje waren furchtbar für mich. Ich bin alleine auf den Bergen herumgelaufen und dachte mir: Kein Wunder, daß bei dieser wunderschönen Landschaft die Menschen auf die Idee kommen, ein Gott habe sie gemacht. Und weil ich nicht wußte, was ich sonst tun sollte, bin ich abends in die Messe gegangen. Auch das war eine Qual für mich. Ich saß – so wie viele andere auch, die in der überfüllten Kirche keinen Sitzplatz gefunden hatten – auf dem Boden zwischen all den Gläubigen. Ich fühlte mich wie ein Verräter, wie eine Aussätzige; hielt ich doch Gott für eine Erfindung der Menschen! Zugleich bedauerte ich es, daß man nicht auch ohne an Gott zu glauben, so voll Liebe und Frieden sein kann. Ich war abgrundtief traurig darüber, daß all das auf der - wie ich meinte - Lüge von der Existenz Gottes aufgebaut sein sollte. Ich dachte, ich allein müsse in heroischem Nihilismus die verzweifelte Wahrheit ertragen, ohne metaphysischen Trost. So verdreht und kompliziert war ich.

Am Gründonnerstag nach der Abendmesse in der Kirche, bat mich meine Mutter, noch in die Seitenkapelle zu kommen zur Anbetung des Allerheiligsten. Da ich nicht alleine nach Hause gehen wollte, stimmte ich zu. – Um nichts in der Welt hätte ich mich damals hingekniet, also lümmelte ich mich, innerlich zerrissen, auf den Fußboden. Und es fällt mir schwer heute in Worte zu fassen, was dann mit mir geschah:

Unsere deutschsprachige Gruppe sang gemeinsam mit einem Pater das „Heilig" von Schubert und – ICH

GLAUBTE! Ich kann das nicht anders beschreiben. Von einem Moment zum anderen glaubte ich daran, daß es Gott gibt und daß er Mensch geworden ist; daß er Brot geworden ist und jetzt hier, in dieser Hostie, anwesend ist. Ich mußte hemmungslos weinen.

Auch in den nächsten Tagen weinte ich viel, aber gleichzeitig habe ich auch die barmherzige Liebe Gottes erfahren. Am Karsamstag beichtete ich und dann konnte ich zum ersten Mal in meinem Leben wirklich Ostern feiern; auch ich war vom Tod auferstanden! Nach Ostern bin ich dann noch zwei Wochen in Medjugorje geblieben, alleine, ohne meine Familie. Jetzt erst konnte ich mich der Tatsache von den Erscheinungen und all dem, was die Mutter Gottes auch mir zu sagen hatte, öffnen. Ich spürte nun, daß sie meine Mutter ist und mich an die Hand nimmt, und daß sie immer mit ihrem Lächeln bei mir ist.

Nach diesem Erlebnis war ich Monate hindurch immer selig, wenn ich in der hl. Messe war, wenn ich betete, wenn ich den Namen Mariens oder Jesu aussprach oder auch nur daran dachte.

Mein Leben hat sich seither völlig verändert, wie ich es mir niemals vorstellen hätte können. Ich habe aufgehört zu rauchen, zu trinken, Konservenmusik zu hören. Ich bin wieder ein froher Mensch geworden. Die hl. Messe ist für mich nun der Höhepunkt des Tages, und es macht mich überglücklich, daß durch die hl. Kommunion der König der Könige in mein Herz kommt, um mir seine Liebe zu schenken und durch mich auch allen jenen, denen ich begegne. Ich glaube fest daran, daß mich Gott auch in Zukunft durch Maria führen wird – ich will mich überraschen lassen, wohin.

(Christine lebt jetzt in einer Gemeinschaft, die Christus durch Maria dienen will, indem sie die Botschaften der Königin des Friedens zu leben versucht. Sie hat ihr Leben Gott geweiht, um für die Bekehrung hartnäckiger Sünder zu sühnen und ihnen die Gnade der Umkehr zu erwirken, wie zuvor das Gebet anderer ganz offensichtlich ihr zum Segen geworden ist. Gebetsaktion Medjugorje, Wien, Nr. 12, S. 31–33)

Heilungen

Das sicherste Zeichen, daß Erscheinungen wahr sind, ist das Wirken der Gnade Gottes in den Seelen. Das zeigt sich in den Bekehrungen und auch in der Erneuerung des religiösen Lebens. Daran mangelt es in Medjugorje sicher nicht. Aber in Medjugorje gibt es auch sichtbare Zeichen von Heilungen, die der Fürsprache der Mutter Gottes zugeschrieben werden. Schon fast seit dem Beginn der Erscheinungen waren solche Fälle dem Pfarramt von Medjugorje gemeldet. Und je länger die Erscheinungen dauern, umso zahlreicher werden sie. Nicht alle Vorfälle sind immer auch große Wunder, aber sie sind wenigstens zu einem Großteil eine offensichtliche Hilfe Gottes, die auf die Fürsprache der Mutter Gottes ihren Kindern, die in Not waren, gewährt wurde. Über die meisten Heilungen gibt es keine ärztlichen Gutachten, und

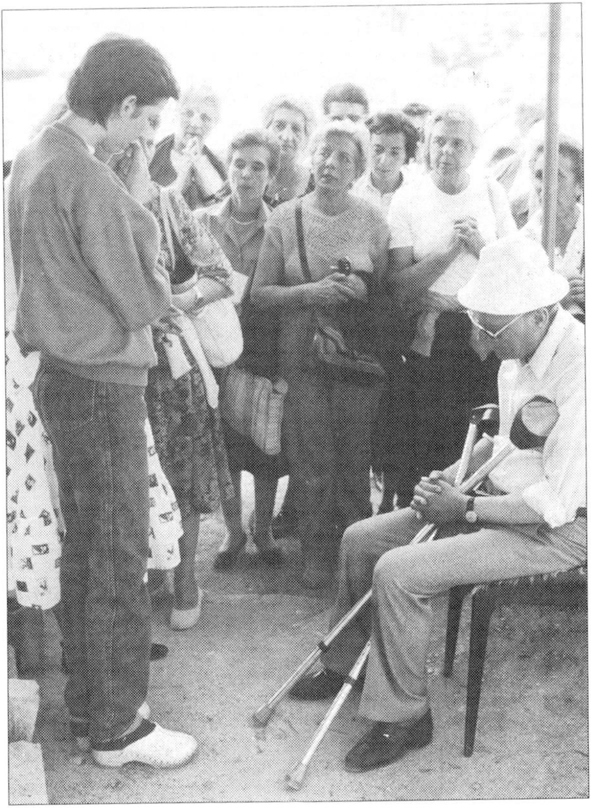

wahrscheinlich werden keine mehr gemacht werden können. Sicher gibt es auch eine große Anzahl von Heilungen, die aus irgendeinem Grund nirgendwo gemeldet sind. Es gibt aber auch Heilungen, über die umfangreiche ärztliche Aufzeichnungen vorliegen. – Hier bringe ich nur einen Fall:

Karlo Ivanković

Karlo Ivanković aus Ljubuški, geb. am 1. 8. 1940, verheiratet, Vater dreier Kinder. Ich besuchte ihn am 21. 7. 1987 in seinem Haus und bei diesem Anlaß schilderte er mir folgendes:

Im Sommer 1983 erkrankte er an ansteckender Gelbsucht, Hepatitis B. Drei Monate war er krank. Er wurde am 26. 10. 1983 ins Krankenhaus nach Mostar gebracht. Fünfundzwanzig Tage lang konnte er keine Nahrung aufnehmen. Die Leber versagte völlig ihren Dienst. Er nahm 12 Kilo ab. Am ganzen Körper war er intensiv gelb. In den letzten Tagen nahm er seine Umgebung nicht mehr wahr. Er selbst war sich der Schwere seiner Krankheit nicht bewußt. Am Freitag, dem 18. November, sagten die Ärzte: Er wird nur noch diese Nacht leben.

Auch früher war er ein guter Christ gewesen. Er fastete am Mittwoch und am Freitag nach dem Wunsch der Mutter Gottes. Öfter pilgerte er auch nach Medjugorje. Während der Krankheit betete seine Familie für ihn und auch viele andere.

An diesem Freitag, am 18. November abends, erfaßte ihn plötzlich ein unbeschreiblicher seelischer und körperlicher Friede. Diesen Frieden kann man nicht beschreiben, es war, als hätten sich Zeit und Raum aufgelöst. Er hörte eine Stimme, die er nicht näher beschreiben konnte, nicht einmal ob es eine Männer- oder eine Frauenstimme war, oder überhaupt eine menschliche Stimme. Es war eine Stimme wie ein sanftes Läuten, für ihn aber völlig klar und verständlich: Mein Kind, wovor hast du Angst?

Öffne dich! Sag, was dich quält! Sein erster Gedanke war: Das ist die Gospa von Medjugorje! ‚Mutter Gottes von Medjugorje, ich glaube, daß es für mich noch zu früh ist, um zu sterben. Ich habe eine Frau, drei unmündige Töchter und eine kranke alte Mutter. Sie brauchen mich noch.'

Dann befand er sich plötzlich in der Kirche von Medjugorje. Es wurde die Abendmesse gefeiert. Hauptzelebrant war Pfarrer Tomislav Pervan im grünen Meßgewand. (Später erkundigte Karlo sich danach und erfuhr, daß an diesem Abend tatsächlich Tomislav Pervan die hl. Messe gefeiert hatte.) Er war gerade am Ende der Predigt. Karlo blieb bis zur Wandlung. Dann fand er sich wieder auf seinem alten Platz im Krankenhaus im Zustand völligen Friedens, und die gleiche Stimme sagte zu ihm: Kind, hab keine Angst, es wird alles gut werden. Dann schlief er ein. War alles nur ein Traum?

In der Früh weckte ihn der Arzt auf und fragte Karlo nach seinem Zustand. Dieser antwortete: Phantastisch! Ich habe Hunger, gebt mir zu essen! – Bei den Untersuchungen stellten die Ärzte schließlich fest, daß er gesund war. In seinem Körper fanden sich keine Spuren mehr von der ansteckenden Gelbsucht. – Seit damals lebt Karlo ein völlig normales Leben. Er ißt alles und geht seiner gewohnten Arbeit nach. Von der Gelbsucht gab es nie mehr eine Spur.

Der Wahrheit zuliebe muß man zugeben, daß die Ärzte in den letzten Tagen der Krankheit eine Arznei versuchten, die man normalerweise bei Gelbsucht nicht verabreicht. Sie heißt Pronison. Wenn aber Karlo dadurch oder durch etwas anderes geheilt worden wäre, hätte er sein ganzes Leben lang eine strenge Diät halten müssen. Er könnte nicht normal leben und arbeiten. Der Arzt sagte nach der Genesung nur: In der Medizin passieren manchmal unerklärliche Dinge.

Und noch etwas: Längere Zeit hindurch, schon Jahre vor dieser Krankheit, litt Karlo an einer schweren Migräne. Die Anfälle erstreckten sich oft über mehrere Tage. Kein Medikament hat geholfen. An diesem Morgen, als er von der Gelbsucht geheilt wurde, verschwand auch die Migräne, und bis heute hat er keine Kopfschmerzen mehr gehabt.

Karlo sagt, daß er sein ganzes Leben lang Gott und der Mutter Gottes nicht genug danken kann für die Gnade, die er empfangen hat. Vor einigen Jahren gab er seine Arbeit als Taxifahrer auf und wurde Führer für die Pilger in Medjugorje. – Am 13. Mai 1995 traf ich wieder einmal Karlo in Medjugorje. Seine Gesundheit ist noch immer ausgezeichnet.

Medjugorje ändert sein äußeres Bild

Die Erscheinungen haben auch eine große Änderung im äußeren Bild von Medjugorje gebracht. Für die großen Scharen von Pilgern mußten Unterbringungsmöglichkeiten geschaffen werden und auch viele andere Bedürfnisse mußten befriedigt werden. Ein großes Problem war die Wasserversorgung, denn die Zisternen konnten den steigenden Wasserverbrauch nicht mehr decken. 1985 bekam der Ort eine Wasserleitung. Erst danach konnte eine intensi-

Pater Leonard Oreč, der damalige Pfarrer von Medjugorje

vere Bautätigkeit beginnen, die ab 1987 so richtig in Schwung kam. Viele Häuser wurden gebaut, leider ganz planlos, meistens für die Bedürfnisse der Pilger. Auch die Straße von der Brücke bis zur Kirche wurde neugebaut, später auch bis zur Hauptstraße Čitluk-Ljubuški.

Die Franziskaner brauchten unbedingt mehr Raum. Weil sie von der Behörde keine Bauerlaubnis bekommen konnten, begnügten sie sich mit verschiedenen provisorischen Lösungen. An der Westseite der Kirche befand sich die Ruine der ehemaligen Schule, die von Ordensschwestern geführt wurde. Sie wurde ihnen nach dem Zweiten Weltkrieg weggenommen und, nachdem die neue Schule gebaut worden war, dem Verfall preisgegeben. Dieses Grundstück konnten die Franziskaner erst 1987 erwerben. Die Ruine wurde beseitigt und die Fläche geebnet. Auch die Ruine der alten Kirche wurde beseitigt und der Platz schön gestaltet. Es blieb nur die Kapelle, die ehemals für den Gottesdienst unter freiem Himmel diente, weil die alte Kirche zu klein war für die Bedürfnisse der Pfarre.

1987 begann man auch mit der Gestaltung der Flächen vor der Kirche und an der Ostseite der Kirche sowie des Hofes um das Pfarrhaus. Diese gesamte Fläche wurde geebnet und gepflastert. Am Platz vor der Kirche wurde eine Marmorstatue der Mutter Gottes in Originalgröße aufgestellt. Auch Wasserhähne wurden installiert, die die Pilger mit Trinkwasser versorgen. 1989 wurde hinter der Kirche ein runder sakraler Raum mit einem Altar geschaffen, um die hl. Messen in der Sommerzeit draußen zu ermöglichen. Genauso wurde auch ein überdachter Raum mit zwanzig Beichtstühlen errichtet, so daß jetzt das Beichtehören viel leichter wird. Wenn aber große Pilgerscharen kommen, muß man auch weiterhin im Offenen Beichte hören, wo die Beichtväter auf gewöhnlichen Stühlen oder Bänken sitzen. Zwischen der Kirche und den Beichtstühlen und rund um den neuen sakralen Raum hinter der Kirche sind dann Bänke aufgestellt.

Die Stellungnahme der Kirche

Der Bischof von Mostar, Msgr. Pavao Žanić, hat Anfang 1982 eine vierköpfige Kommission zur Untersuchung der Ereignisse in Medjugorje ins Leben gerufen. Im Februar 1984 erweiterte er diese Kommission auf 14 Mitglieder. Diese erweiterte Kommission beendete ihre Arbeit Anfang Mai 1986. Die Mehrheit der Mitglieder der Kommission war negativ eingestellt. Msgr. Žanić hat dann die ganze Angelegenheit der Glaubenskongregation im Vatikan übergeben. Auf Anregung der Kongregation nahm die Bischofskonferenz Jugoslawiens die Sache in die Hand. Anfang 1987 wurde eine neue Kommission zur Untersuchung der Ereignisse in Medjugorje gegründet. Es wurden keine Informationen über die Arbeit dieser Kommission erteilt, es ist auch nicht bekannt, wieviele Mitglieder sie hat und wer sie sind.

Die Haltung der Priester und Bischöfe Jugoslawiens gegenüber den Ereignissen in Medjugorje ist meistens zurückhaltend oder offener Widerstand. Aus dem Inland kommen nur wenige Priester nach Medjugorje. Die ausländischen Priester und Bischöfe stehen dem Phänomen Medjugorje viel positiver gegenüber, und auch die Gläubigen sind im Ausland über Medjugorje viel besser informiert als die hiesigen.

Ein großes Problem liegt darin, daß es in Medjugorje zu wenige Priester gibt, um den Bedürfnissen und Wünschen so vieler Pilger Genüge zu leisten. Das Problem wird einigermaßen dadurch gemildert, daß mit den Pilgern aus dem Ausland meistens auch ihre Priester mitkommen. Viele Franziskaner aus der Herzegowina kommen zu Hilfe, hauptsächlich um Beichte zu hören.

Der damalige Pfarrer in Medjugorje, Pater Leonard Oreč, schrieb im Jahre 1989 in einem Bericht: „Wir sind im Geiste des Gehorsams bereit zu warten, bis die Kirche ihr endgültiges Urteil über die Echtheit der Erscheinungen gesprochen hat. Wir können aber die Menschen deshalb nicht warten lassen, denn sie suchen die geistliche Nahrung heute. Wenn wir diese Menschen aufnehmen, müssen wir ihnen die Erfüllung der einfachsten Bedürfnisse ermöglichen: ein Dach über den Kopf, um nicht im Regen zu stehen; daß sie einander als Mensch und als Christ begegnen können; daß wir ihnen Gottes Wort, aber auch ein warmes menschliches Wort bieten; Information geben; daß sie einen Ort zum Gebet finden . . . Für die Arbeit mit den Pfarrangehörigen und besonders mit den Pilgern fehlt eine größere Anzahl von Priestern. Medjugorje verlangt heute eine pastorale Besatzung, wie sie nicht nur von der Kirche in der Herzegowina, sondern vielmehr von der ganzen Kirche gestellt werden sollte." (Gebetsaktion Medjugorje, Wien, Nr. 16, S. 29)

Darüber schrieb „Glas Koncila" schon in der Nr. 27 vom 25. 7. 1987: „Vielleicht läge die Lösung darin, daß unsere Bischöfe öffentlich und streng die beiden Seiten des Problems von Medjugorje trennen; Die Frage der Erscheinungen und die Frage der großen Versammlungen der Gläubigen in einer Marienkirche und um sie herum. Dann könnte man die erste Frage, ohne sich zu beeilen, den Fachleuten überlassen, und die zweite als Tatsache annehmen in unserer kirchlichen Wirklichkeit . . ."

Die Stellungnahme der jugoslawischen Bischöfe bestand bis jetzt hauptsächlich aus Ignorieren oder in Untersagungen, die noch dazu so unklar formuliert waren, daß viele den Eindruck bekamen, jedes Wallfahren nach Medjugorje wäre verboten, was jedenfalls nicht der Wahrheit entspricht. Erst in der jüngsten Zeit scheint es, als könnten wir hoffen, daß die Bischöfe eine Haltung annehmen werden, die zugunsten der konkreten Bedürfnisse der Gläubigen und der Pilger in Medjugorje sein wird.

Am 21. 10. 1990 zelebrierte die hl. Messe und predigte in Medjugorje der Bischof von Banja Luka und Vorsitzende der Kommission für Medjugorje, Msgr. Dr. Franjo Komarica. Vor allen Gläubigen in der Kirche sagte er, er bringe die Grüße von anderen jugoslawischen Bischöfen, besonders von Msgr. Žanić, und er kündigte zugleich an, daß auch die anderen Bischöfe kommen werden. Vom 5.–7. 11. 1990 weilte der Weihbischof von Djakovo, der auch ein Mitglied der Medjugorjekommission ist, Msgr. Dr. Marin Srakić in Medjugorje. (Glas Koncila, Nr 48/2. 12. 1990 und Sveta Baština, Nr 12/1990). Am 24. und 25.1.1990 besuchte der Bischof von Subotica, Msgr. Janoš Penzes Medjugorje. (Naša Ognjišta, Nr.1 und 2/1991)

Am 27. und 28. 11. 1990 hielten die Bischöfe Jugoslawiens eine außerordentliche Tagung ab, bei der auch über Medjugorje diskutiert wurde. Was dabei beschlossen wurde, wurde nicht veröffentlicht. Doch „man kann vermuten, daß unter ihnen die Ansicht überwiegt, daß es notwendig wäre, in gewissem Maße die Frage über die Erscheinungen von den Fragen über die Versammlungen der Gläubigen zu trennen. Über die Erscheinungen als über ein übernatürliches oder ein nebennatürliches (supernaturalis oder praeternaturalis) Geschehen sollen sachverständig und kritisch-objektiv . . . Theologen, Psychologen, Ärzte und andere Fachleute diskutieren. Die Tatsache aber, daß eine Menge der Gläubigen sich versammelt mit ersichtlichem Vertrauen in die Hilfe Gottes, sich nach dem Wort Gottes sehnt und bereit ist zur Umkehr, auferlegt der ganzen Kirche, besonders den Bischöfen, eine unaufschiebbare Verantwortung." (Glas Koncila, Nr. 49/9. 12. 1990)

„Laut der Informationen, die die Katholische Nachrichtenagentur von Kardinal F. Kuharić bekommen hat, wird die Kommission der Bischofskonferenz zur Untersuchung der Ereignisse in Medjugorje ihre Arbeit fortsetzen. Den Schwerpunkt wird sie in Zukunft auf die Untersuchung und Erforschung der liturgischen und seelsorglichen Arbeit in Medjugorje setzen." (Marija, Nr. 3/1991, S. 82) – Doch aus all dem wurde nichts, da der Krieg in Kroatien und Bosnien-Herzegowina ausbrach.

Anm.: „Glas Koncila" = kroatische Kirchenzeitung, erscheint wöchentlich, „Sveta Baština", „Naša Ognjišta", „Marija" = monatlich erscheinende Zeitschriften.

Fra Tomislav Vlašić

Medjugorje in den Plänen Gottes

In Medjugorje erscheint die Mutter Gottes. Sie erschien und erscheint noch heute an vielen Orten der Welt. Gerade in der jetzigen Zeit, nach dem Zweiten Weltkrieg bis heute, gibt es in der Welt geradezu eine Unzahl von Erscheinungen der Mutter Gottes. Es scheint so, als gäbe es keine Nation, wo sie in letzter Zeit nicht erschienen wäre. Ich würde fast sagen, daß die Zahl der Erscheinungen der Mutter Gottes, die heute in der Welt erfolgen, größer ist als die Zahl aller früheren Erscheinungen.

Es gibt nur eine Mutter Gottes. Und in der Unzahl aller dieser Erscheinungen ist und bleibt sie nur die einzige und dieselbe Mutter Gottes. Und deshalb drängt sich von selbst der Gedanke auf, daß alle diese Erscheinungen ganz bestimmt in einem gegenseitigen Zusammenhang stehen und stehen müssen, und daß wir sie auch so sehen müssen. Einem achtsamen Beobachter, der sich das alles vor Augen hält, enthüllt sich eine große Strategie, ein großer Plan Gottes, den er in und mit allen diesen Erscheinungen verfolgt. Und wenn es um Medjugorje geht, steht zweifellos fest, daß wir seine Bedeutung und seinen Platz in den Plänen Gottes wie auch die Reichweite der Botschaften der Mutter Gottes nicht begreifen können, wenn wir nicht auch ihre anderen Erscheinungen in Betracht ziehen.

Die Muttergottes ist ein Meisterwerk des Hl. Geistes. Die Menschwerdung des Sohnes Gottes im jungfräulichen Schoße Mariens ist ein Werk des Hl. Geistes. Der Hl. Geist kam herab auf die erste, junge Kirche, die im Gebet um Maria versammelt war. Der Hl. Geist wirkte durch Maria in der jungen Kirche noch zur Zeit ihres Lebens auf dieser Erde. Der Heilige Geist wirkte durch Maria auch alle Jahrhunderte hindurch in der Kirche, und je länger, desto evidenter, insbesondere in der letzten Zeit. Maria erscheint und durch ihre Erscheinungen und Botschaften schenkt sie ihren Kindern große und unaussprechliche Gaben und Gnaden, die wieder ein Werk und ein Geschenk des Hl.Geistes sind. Deshalb ist der Hl. Geist derjenige, der alle Erscheinungen der Mutter Gottes in Einklang bringt, weil er der Schöpfer von allem ist, der göttliche Lebensspender, wie wir ihn im großen Glaubensbekenntnis nennen. Der Zusammenhang zwischen den verschiedenen Erscheinungen der Mutter Gottes ist jedenfalls nicht mathematisch, sondern als dynamisch, gnadenbringend und lebensspendend zu erachten. Es werden ihn diejenigen verstehen, die Gott im Geist und in der Wahrheit anbeten. (Joh 4, 23) - Diese Erwägung basiert auf den Gedanken von P. Tomislav Vlašić.

Von allen Erscheinungen der Mutter Gottes sind jedenfalls von besonderer Wichtigkeit die Erscheinungen in Paris (1830), La Salette (1846), Lourdes (1858) und Fatima (1917). In allen Orten ruft die Muttergottes zum Gebet, zur Bekehrung und zur Buße auf. Von besonderer Bedeutung sind die Botschaften, die die Mutter Gottes in Fatima gegeben hat. Die Erscheinungen in Fatima sind, so würde ich sagen, ein dramatischer Aufruf zur Bekehrung an die ganze Welt. Die Mutter Gottes rief hier besonders zum Gebet des Rosenkranzes, zum Gebet, zum Opfer und zur Buße für die Bekehrung der Sünder auf, und kündigte die Einführung der Andacht zu ihrem Unbefleckten Herzen an. Sie kündigte auch die Strafen an, die die Menschheit erwarten, wenn sie sich nicht bekehrt. Wenn die Menschheit den Aufruf aus Fatima befolgt hätte, wären die angekündigten Strafen ausgeblieben. Leider blieb dieser Appell der Mutter Gottes erfolglos. Die Folgeleistung war säumig und gering und geriet in den letzten Jahrzehnten praktisch ganz in Vergessenheit.

Wenn wir den Zustand und die Verhältnisse in der heutigen Welt vor Augen haben, wenn wir die „Zeichen der Zeit" (Mt 16, 3) erkennen und darüber nachdenken, glaube ich, daß wir zur Schlußfolgerung kommen müssen, die Menschheit nähert sich schon dem Ende der Geschichte. Der Satan weiß es genauso und deshalb spannt er alle seine höllischen Kräfte und alle Kräfte seiner Anhänger auf dieser Welt ein, um Gott möglichst viele zu entreißen, für die der Sohn Gottes sein Blut vergossen hat und gestorben ist. Und der Satan verbucht Erfolge, wie er sie in der Geschichte noch nie verbuchen konnte.

Aber auch Gott hat seine Pläne. Und Gott ist die Liebe, die Liebe selbst, die ewige, unerschaffene, unendliche und unbegreifliche Liebe. Und der Plan der Liebe Gottes ist, um jeden Preis zu retten, was noch zu retten ist. Gott engagiert alle Kräfte und alle Mittel und alle seine Heerscharen – Engel und Heilige im Himmel und seine Getreuen auf der Erde – im Kampf gegen den Satan. Der Mutter Gottes aber vertraut er die Rolle an, in diesem Kampf der Führer, der Feldherr, der Oberbefehlshaber zu sein, um die Macht des Satans zu zerschmettern und zu vernichten, um ihm den Kopf zu zertreten. (Gen 3, 15).

Die Mutter Gottes kündigte in Fatima den Sieg ihres Unbefleckten Herzens an: „Am Ende wird mein Herz triumphieren . . . der Welt wird eine Zeit des Friedens geschenkt werden . . ." Aber zuvor, „Wenn die Menschen meinen Forderungen nicht Folge leisten...werden Kriege und Verfolgungen der Kirche kommen. Die Guten werden gefoltert werden; der hl. Vater wird viel leiden. Mehrere Nationen werden vernichtet werden." (Prof. Fonseca, Maria spricht zur Welt)

Ich glaube, hier müßten wir uns auch an die Worte des alttestamentarischen Propheten Sacharja erinnern (13, 7–9): „Erhebe dich, Schwert, gegen meinen Hirten, gegen den Mann meines Vertrauens – Spruch des Herrn der Heere. Schlag den Hirten, dann werden sich die Schafe zerstreuen. Ich richte meine Hand gegen die Kleinen. Im ganzen Land - Spruch des Herrn – werden zwei Drittel vernichtet, nur der dritte Teil wird übrig bleiben. Dieses Drittel will ich ins Feuer werfen, um es zu läutern, wie man Silber läutert; ich werde sie prüfen, wie man Gold prüft. Sie werden meinen Namen anrufen, und ich werde antworten; und ich werde sagen: ‚Das ist mein Volk!' und sie werden sagen: ‚Jahwe ist mein Gott!'"

Ich glaube, auf Grund dieser Prophezeihungen darf ich folgendes behaupten: Gott will zumindest einmal in der Geschichte der schuldbeladenen, unglücklichen und leidenden Menschheit, vor dem Ende ihrer Geschichte, eine Zeitspanne schaffen und verwirklichen, in der das ganze Menschengeschlecht, praktisch die ganze Welt, nach dem Gesetz Gottes leben und seinem Gott die Ehre und die Verehrung geben wird, die ihm gebührt, um so vor dem ganzen Himmel, der ganzen Erde und der ganzen Hölle zu zeigen, wie schön das Leben des Menschen auf dieser Welt sein könnte und müßte, wenn alle Menschen Gott gehorchen und seinen Willen in ihrem Leben verwirklichten. Das ist der Triumph, die Zeit des Friedens, die die Mutter Gottes in Fatima ankündigte, das Reich des Heiligen Geistes. Dann soll sich auch die Prophezeihung des alttestamentarischen Propheten verwirklichen: Die Bekehrung aller Völker und Vereinigung der ganzen Welt unter dem Mantel der Mutter Gottes im Glauben, in der Liebe und in der Treue zu ihrem Gott.

Aber zuvor haben der Prophet Sacharja und die Mutter Gottes in Fatima eine große Säuberung der Kirche und der Welt angekündigt. Und diese Säuberung wird bestimmt nichts Geringes oder Unbedeutendes sein, sondern eine immens schwere und ernsthafte Sache. In Medjugorje, so dünkt uns, hat die Mutter Gottes noch nicht darüber gesprochen. Doch erinnern wir uns, daß sie den Sehern Geheimnisse anvertraut hat, und diese sind, nach dem, was die Seher aussagten, zumindest sehr schwerwiegend, so daß wir glauben können, daß sich diese Geheimnisse auch darauf beziehen. Auch die Mutter Gottes selbst weist auf diese Geheimnisse hin (in der Botschaft durch Mirjana vom 28. 1. 1987) und betont öfter, wenn sie zur Bekehrung aufruft: Solange es noch Zeit ist.

Es ist Tatsache, daß Gott vor den großen, angekündigten Strafen sein Volk warnte, und es zur Bekehrung und zur Buße aufrief. Vor der Sintflut schickte er Noah, aber die Menschen haben ihm nicht gehorcht. Den Niniviten schickte er den Propheten Jonas, sie gehorchten ihm und bekehrten sich und die Strafe blieb aus. Im Volke Israel, vor der Knechtschaft in Babel, notierte die hl. Schrift eine große Aktivität der Propheten, aber Israel gehorchte nicht. Dem Volke Israel, das den so lange erwarteten Messias verworfen hat, kündigte Jesus eine furchtbare Strafe an, die es etwa vierzig Jahre später traf.

Die Mutter Gottes ist die Königin der Propheten. Sie ist noch viel mehr. Sie ist selbst auch ein Prophet, und zwar der größte aller Propheten – durch ihre zahlreichen Erscheinungen in der heutigen Welt. Medjugorje aber – durch die Dauer der Erscheinungen und durch die Botschaften – übertrifft nicht nur alle anderen Erscheinungen, sondern ist auch ganz bestimmt der letzte Versuch Gottes, die Menschheit zur Vernunft zu bringen und zu bekehren, bevor es zu spät ist, und die Welt auf den Triumph der Mutter Gottes und auf die Zeit des Friedens vorzubereiten, die sie ankündigt.

„Fatima und Medjugorje sind auf besondere Weise miteinander verbunden. Medjugorje ist die Verwirklichung der Botschaften und der Prophezeihungen von Fatima." (P. Tomislav Vlašić). In Medjugorje ruft die Gospa nicht nur zur Bekehrung auf, sondern sie verwirklicht sie auch. Durch ihre Vermittlung und ihre Botschaften erschafft hier der Heilige Geist neue Pfingsten und greift durch seinen göttlichen Sturmwind und durch sein Feuer in die Herzen der Millionen ein und erschafft hier, auf dieser Erde, eine neue Welt, ladet uns alle zum neuen Himmel und zur neuen Erde ein. (Geh. Off. 21, 1)

In Medjugorje und durch Medjugorje – durch die Vermittlung der Gospa und durch die Wirkung des Heiligen Geistes – haben schon Millionen ihren vielleicht schon längst verlorenen und vergessenen Gott gefunden oder wiederentdeckt, oder sie haben ihren verlorenen und erloschenen Glauben aus neue lebendig gemacht und entflammt. Durch seine geistliche und gnadenbringende Ausstrahlung ist Medjugorje ein einzigartiges Phänomen in der ganzen Geschichte der Katholischen Kirche. Es ist die unbeschreibliche Freude der Neubekehrten, die endlich begriffen haben, daß Gott unser einziges Glück und die einzige Quelle jedes Glücks und jeder Freude ist, von der alle anderen Freuden und die „Freuden" des menschlichen Lebens auf der Erde – Geld, materieller Wohlstand, Rang, Macht, Ansehen, alle sinnlichen Vergnügungen – zerfließen wie Schnee in der Frühlingssonne. Durch all das bereitet Medjugorje vor und verwirklicht den versprochenen Triumph der Mutter Gottes und das Reich des Heiligen Geistes.

Deshalb glaube ich, daß Medjugorje die größte Gnade und die größte Chance ist, die Gott nicht nur dem kroatischen Volk, sondern der ganzen Welt gibt. Medjugorje beweist uns, daß Gott gerade hartnäckig und beharrlich in seiner unbegreiflichen, von uns nicht begriffenen Liebe zu uns ist und daß er uns um jeden möglichen Preis retten will. Wollen wir dem Beispiel der Bewohner von Ninive folgen und der Gospa gehorchen, oder werden wir lieber dem Beispiel Israels folgen – zu unserem Unglück und Verderben?

Ich bin überzeugt, daß wir durch unsere Bekehrung, unser Gebet, die Buße und das Opfer vom Übel, das uns droht, noch immer vieles verhindern oder zumindest verringern können. Gott hat ja keine Freude am Strafen, sondern am Verzeihen. Er bestraft im Grunde ja erst, nachdem er alle möglichen Mittel erprobt hat, um den Sünder zur Vernunft zu bringen und zu bekehren.

Vergessen wir nicht, was die Gospa in Medjugorje sagt. „Durch das Gebet erreicht man alles!" Sie ist unsere Mutter. Sie kommt zu uns als Mutter, sie liebt uns wie eine Mutter – mit der Liebe, die ein Abbild und ein Widerschein der Liebe Gottes und die größte Liebe nach der Liebe Gottes ist. Gerade Medjugorje gibt uns einen mächtigen Beweis dieser ihrer mütterlichen Liebe, die auch von der Gospa noch besonders betont wird: „Wenn ihr wüßtet, wie sehr ich euch liebe, würdet ihr vor Freude weinen!" (Botschaft über Jelena Vasilj)

Gehorchen wir deshalb der Mutter Gottes – gemäß den Worten des Kirchenliedes : „Mit Liebe antworten wir auf die Liebe, unser Herz verweigern wir ihr (der Gospa) nicht!"

Und bewahren wir die Worte des inspirierten Dichters, Jesuiten und späteren Weihbischofs von Zagreb, des schon verstorbenen Mijo Škvorc, die er während des Zweiten Weltkrieges gerichtet hat:

„In den Herzen der Millionen
wird das große Zeichen wieder strahlen.
Die Gospa – die Gnadenvolle –
wird der Neuen Welt Gott geben!"

Nachwort viereinhalb Jahre später

In diesem Büchlein brachte ich eine kurze Geschichte der Erscheinungen der Mutter Gottes in Medjugorje und der Geschehnisse, die damit verbunden sind. Im letzten Kapitel faßte ich alles Wichtige zusammen, was man über Medjugorje sagen könnte und müßte, und was wir, die Freunde von Medjugorje, im Gedächtnis behalten sollten. Heute, viereinhalb Jahre, nachdem ich diesen Text in kroatischer Sprache verfaßte, könnte ich nichts Wesentliches oder besonders Wichtiges hinzufügen. Nur, je mehr die Zeit verrinnt, umso klarer wird uns, daß Medjugorje ein Werk Gottes ist, ein unschätzbares Geschenk Gottes an die ganze Menschheit und besonders an das kroatische Volk. Ein Geschenk Gottes, das – leider – vom Großteil der Menschheit und von der Mehrheit des kroatischen Volkes ungenutzt blieb; ein Ruf Gottes, der so wenig Aufnahme fand. Millionen haben Folge geleistet, aber gegenüber jener Milliarden, die dem Ruf nicht gefolgt sind, ist das wirklich sehr wenig.

Wenn ich die heutige Menschheit vor Augen habe, kommt mir oft die Begebenheit aus der Hl. Schrift in den Sinn, wo Abraham auf eine gewisse Weise mit

Gott „feilschte" und ihn bat, die Städte Sodom und Gomorra von der Strafe zu verschonen, die er angedroht hatte. Und Gott versprach, wenn er dort nur fünfzig Unschuldige fände, werde er deretwegen alle verschonen. Dann verringerte Abraham die Zahl, und jedesmal versprach Gott, sie zu verschonen. Zum Schluß versprach Gott, wenn er nur zehn Unschuldige dort fände, werde er alle verschonen. Aber es fanden sich dort keine zehn Unschuldigen. (Gen 18, 26-33). Der heutigen Menschheit droht ein ähnliches Schicksal. Jemand sagte, Gott müßte sich bei den Leuten von Sodom und Gomorra entschuldigen, wenn er die heutige Menschheit nicht strafen würde, die in ihrer Verdorbenheit und Sünde Sodom und Gomorra weit übertroffen hat. Und es kommt mir der Gedanke, wir sollten heute mit Gott ähnlich „feilschen" wie einst Abraham und mit unseren Gebeten, Opfern und unserer Buße so viele Unschuldige oder wenigstens Bekehrte erbitten, daß Gott ihretwegen die heutige Generation verschont, oder wenigstens das Übel, das uns droht, verringert.

Es kommen mir auch die Worte Jesu in den Sinn: „Jerusalem, Jerusalem . . . Wie oft wollte ich deine Kinder um mich sammeln, so wie eine Henne ihre Kücken unter ihre Flügel nimmt, aber ihr habt nicht gewollt." (Mt 23, 37; Lk 13, 34).

Heute schickt uns Jesus seine Mutter, die uns in ihrer mütterlichen Liebe seine Botschaften und seine Rufe zur Bekehrung und Buße überbringt und uns unter ihrem mütterlichen Mantel zu sammeln versucht, um uns zu schützen und zu retten. Aber wir, mein Volk vor allem, der größte Teil meines Volkes und der größte Teil der Menschheit wollen ihre mütterlichen Aufrufe nicht hören. Ich fürchte, daß alle Gebete der Kinder der Mutter Gottes und all ihre Opfer und Bußübungen, obgleich es sich um Millionen von Pilgern und Bekehrten handelt, noch immer – im nationalen und weltlichen Ausmaß – die Zahl von zehn Abrahams Gerechten nicht erreichen werden, deretwegen Gott diese Welt verschonen könnte.

In ihrer Botschaft vom 25. 3. 1992 sagte die Mutter Gottes: „Ich wollte durch euch eine Oase des Friedens, der Liebe und der Güte schaffen. Gott wollte, daß ihr durch eure Liebe und mit seiner Hilfe Wunder wirkt und so ein Beispiel gebt." Diese Worte beziehen sich auf die Pfarre Medjugorje, an die an erster Stelle diese Botschaften gerichtet sind. Doch glaube ich sagen zu dürfen, daß sie sich auch auf besondere Weise auf das ganze kroatische Volk beziehen. Zu dieser Vermutung veranlassen mich auch die Worte der Prophezeihungen von DDr. Mühlen, die ich am Anfang dieses Büchleins zitiere. Aber die Mutter Gottes sagte in derselben Botschaft weiter: „Der Satan spielt mit euch und euren Seelen, und ich kann euch nicht helfen, denn ihr seid weit weg von meinem Herzen."

Wir sind weit weg, weil wir ihre Botschaften und Rufe nicht hören wollten.

Während des Krieges in Bosnien und der Herzegowina wurden im Jahre 1992 alle Ortschaften in der Umgebung von Medjugorje bombardiert oder waren sonstwie vom Krieg betroffen, Medjugorje aber blieb verschont. Es befanden sich zwar alle dienstfähigen Männer auf den Kriegsschauplätzen, aber von allen sind nur zwei oder drei ums Leben gekommen und nur wenige wurden verwundet. Die Mutter Gottes hat also wenigstens hier eine kleine Oase des Friedens geschaffen. Der Krieg ist aber noch nicht zu Ende, und ich fürchte, daß das kroatische Volk in Kroatien und in Bosnien-Herzegowina seine Leichtsinnigkeit und Nachlässigkeit gegenüber den Botschaften der Mutter Gottes teuer bezahlen wird. Und das nur deshlb, weil wir das einzige Mittel und die einzige Möglichkeit nicht annehmen wollten, die uns Rettung bringen konnte. „Wie eine Henne ihre Kücken", so wollte die Mutter Gottes im Namen Gottes uns alle unter ihrem Mantel sammeln, um uns zu schützen und zu retten, aber wir wollten nicht.

Trotz all dem glaube und hoffe ich, daß Gott, der seinen Verheißungen immer treu bleibt, auch sein Versprechen erfüllen wird, das er uns in der schon erwähnten Prophezeihung gegeben hat, die ich am Anfang dieses Büchleins brachte, und daß Medjugorje wie auch das kroatische Volk und Land wirklich eine Oase des Friedens, der Liebe und der Güte sein wird, und daß Gott durch uns und mit uns in dieser Welt noch viele und große Wunder wirken wird. Die Mutter Gottes ist in den trockenen und wasserarmen Karst der Herzegowina gestiegen und kommt noch immer, um von dort die Ströme einer allgemeinen Erneuerung hervorquellen zu lassen, die die Herzegowina und unsere ganze Heimat, ganz Europa und schließlich die ganze Welt in ein üppiges, aufblühendes Reich Gottes verwandeln wird.

Ein Millionenstrom von Pilgern floß durch Medjugorje und fließt noch immer. Millionen von unruhigen Herzen fanden hier ihren Frieden, Millionen von verlorenen Söhnen und Töchtern fanden hier zurück in den Vaterschoß und in das Vaterhaus. Ich bin überzeugt, daß dieser Strom nicht aufhören und nicht versiegen wird, sondern immer mehr wachsen, anschwellen und bis in die entferntesten Gegenden und Winkel der Welt dringen wird.

Und die Oase des Friedens, der Liebe und der Güte wird sich immer mehr und weiter verbreiten und die ganze Welt umfassen. Und dann – obgleich nach vielen Drangsalen und Prüfungen, die die ganze Menschheit wie Silber und Gold im Feuer reinigen werden, werden sich die Worte des Propheten Sacharja erfüllen: „Sie werden meinen Namen anrufen, und ich werde sie erhören. Ja, ich werde sagen: ‚Es ist mein Volk.' Und das Volk wird sagen: ‚Jahwe ist mein Gott'". (Sach 13, 9)

Es bleibt uns nichts anderes übrig, als den Worten der Mutter Gottes zu gehorchen, die sie uns am Ende der zitierten Botschaft vom 25. 3. 1992 sagte:

„Deshalb betet und lebt meine Botschaften! Dann werdet ihr Wunder der Liebe Gottes in eurem alltäglichen Leben sehen."

1. 5. 1995

GEBETE

Über Jelena Vasilj hat uns die Muttergottes einige Gebete übermittelt, die ich hier bringe. In der Klammer ist das Datum angeführt, wann die Muttergottes jedes Gebet mitgeteilt hat.

Weihegebet an die Mutter der Liebe, der Güte und Barmherzigkeit

O meine Mutter,
Du Mutter der Güte,
der Liebe und Barmherzigkeit,
ich liebe Dich unendlich
und bringe mich Dir dar.

Durch Deine Güte,
Liebe und Gnade rette mich.
Ich möchte Dein sein.
Ich liebe Dich unendlich
und möchte, daß Du mich behütest.

Von Herzen bitte ich Dich,
Du Mutter der Güte,
gib mir Deine Güte, um mit ihr
den Himmel zu erwerben.

Ich bitte Dich
um Deiner unendlichen Liebe willen,

gib mir die Gnade,
daß ich jeden so lieben kann,
wie Du Jesus Christus geliebt hast.

Auch bitte ich Dich um die Gnade,
Dir gegenüber gnädig sein zu können.
Ich bringe mich Dir ganz dar
und möchte, daß Du bei mir seist
bei jedem meiner Schritte,
weil Du voll Gnade bist.

Und ich wünsche,
diese Gnade nie zu vergessen.
Wenn ich sie aber verliere,
so bitte ich Dich,
sie mir zurückzugeben. Amen.

(19. 4. 1983)

Weihegebet
an das Unbefleckte Herz Mariens

O reinstes Herz Mariens,
übervoll von Güte,
zeig uns Deine Liebe.
Deines Herzens Flamme, o Maria,
komme herab auf alle Menschen.
Präge Deine Liebe in unsere Herzen ein.
so daß wir uns nach Dir sehnen.

Wir lieben Dich unendlich.
O Maria, milden und demütigen Herzens,
steh uns bei, wenn wir sündigen.
Du weißt, daß alle Menschen sündigen.

O gib, daß wir durch Dein reinstes
und mütterliches Herz
von allem, was unsere Seele krank macht,
geheilt werden.

Gib, daß wir immer die Güte
Deines mütterlichen Herzens schauen können
und daß wir uns durch die Flamme
Deines Herzens bekehren. Amen.

(28. 11. 1983)

Weihegebet an das Herz Jesu

O Jesus, wir wissen,
daß Du gütig warst und daß Du
für uns Dein Herz gegeben hast.
Es ist gekrönt mit der Dornenkrone
und mit unseren Sünden.

Wir wissen, daß Du auch heute
für uns betest, damit wir nicht fallen.
Jesus, steh uns bei, wenn wir sündigen.
Durch Dein heiligstes Herz gib,
daß wir einander alle lieben.

Es soll keinen Haß mehr
unter den Menschen geben.
Zeig Deine Liebe!
Wir lieben Dich alle und wünschen,
daß Du uns durch Dein Hirten-Herz
vor der Sünde beschützt.

Komm in jedes Herz, Jesus!
Klopfe, klopfe an unsere Herzen.
Sei geduldig und unermüdlich.
Wir haben Deinen Willen
noch nicht richtig begriffen
und sind verschlossen.

Klopfe beständig und gib,
daß wir unsere Herzen Dir öffnen,
wenigstens dann, wenn wir uns
an Deine Leiden erinnern,
die Du für uns erlitten hast.

(28. 11. 1983)

Gebet für einen Kranken

O mein Gott,
dieser Kranke, der jetzt vor Dir ist,
ist gekommen, um Dich für das zu bitten,
was ihm als das Wichtigste erscheint:
Das, was er wünscht,
empfindet er als das Allerwichtigste.
Aber Du, Herr, gib ihm diese Worte ins Herz:
„Wichtig ist, daß die Seele gesund ist!"

Herr, es soll sich an ihm
Dein heiliger Wille in allem erfüllen!
Wenn Du es willst,
soll er die Gesundheit erhalten.
Wenn es aber Dein Wille ist,
soll er weiterhin sein Kreuz tragen.

Und ich bitte Dich für uns, die wir
für ihn beten: Reinige unsere Herzen,
damit wir würdig sind, daß Du durch uns
Deine heiligen Gnaden schenkst.

Behüte ihn und erleichtere seine Schmerzen!
Dein heiliger Wille soll sich an ihm erfüllen
und Deine göttliche Liebe soll sich
an ihm offenbaren.
Hilf ihm, daß er tapfer das Kreuz trägt.
(Danach betet man 3 mal
„Ehre sei dem Vater . . .")

(22. 6.1985)

Komm, Heiliger Geist,

gieße über uns Ströme Deiner Gnade aus und erschaffe ein neues Pfingsten in Deiner Kirche, in Deinen Bischöfen, Priestern, Ordensleuten, Gläubigen und Ungläubigen, Sündern und in uns allen, in allen Völkern der Welt, in allen Rassen, Klassen und Ständen!

Erschüttere uns durch Deinen göttlichen Sturmwind, reinige uns von jeder Sünde und Verirrung und von allem Übel!

Entfamme in uns Dein Feuer; mach, daß wir brennen und verbrennen in Deiner Liebe!
Erschaffe aus uns neue Menschen, erschaffe in uns ein neues Herz und einen neuen Geist!

Lehre uns begreifen, daß Gott alles ist, unser ganzes Glück und unsere Freude, daß unsere Gegenwart und Zukunft und unsere Ewigkeit nur in Gott ist.
Komm zu uns und verwandle uns, bekehre uns, rette uns, versöhne uns, einige uns, heilige uns!

Lehre uns ganz Christus, ganz Dir, ganz Gott zu gehören, durch die Fürsprache und Vermittlung, unter der Führung und dem Schutz der Unbefleckten Jungfrau, Deiner makellosen Braut, Jesus und unserer Mutter Maria, Königin des Friedens!
Amen.

Imprimatur: Nr. 1398/89 vom 30. 6. 1989 der Erzbischöflichen Ordinariates in Zagreb

BIOGRAPHIE DES AUTORS

Alojzije Švaljek wurde am 9. 2. 1928 in Oroslavje, nördlich von Zagreb geboren. Er besuchte die Volksschule in seinem Heimatort und anschließend das Gymnasium in Zagreb. Nach seinem Studium an der Theologischen Fakultät in Zagreb wurde er am 28. 6. 1953 zum Priester geweiht. In der Folge war er in einigen Pfarren der Erzdiözese als Pfarrer tätig. Im November 1975 mußte er aus gesundheitlichen Gründen sein aktives Priesteramt zurücklegen und seitdem lebt er im Priesterheim in Zagreb.

Im Herbst 1981 bereiste Alojzije Švaljek mehrere europäische Länder und wo immer sich die Gelegenheit ergab, sprach er über die Erscheinungen von Medjugorje. Viele wollten aber mehr über Medjugorje wissen, und so begann er 1982 detailliertes Material über Medjugorje zu sammeln und sich intensiv damit zu befassen. Medjugorje wurde zu seiner Lebensaufgabe.

Als Student hatte Alojzije Švaljek unschuldig und ohne gerichtliches Urteil 132 Tage im Gefängnis verbracht, wo er sich seine Krankheit zuzog, die ihn zwang, relativ früh aus dem aktiven Priesteramt zu scheiden. Das war wohl der Wille Gottes, denn es eröffnete sich für ihn dadurch die Möglichkeit, sich in späteren Jahren völlig in den Dienst von Medjugorje zu stellen. Heute zählt Švaljek zu den bedeutendsten Experten der Geschehnisse von Medjugorje. Er hat den Ort etwa 40 Male bereist, kennt alle Seher persönlich und war selbst Augenzeuge einiger wichtiger

Ereignisse. Sein erstes Buch über die Marienerscheinungen in Medjugorje erschien in deutscher Sprache in zehn Auflagen. Um Verfolgungen seitens der Polizei zu entgehen, nahm er das Pseudonym Marijan Ljubić (läßt man jeweils den letzten Buchstaben weg, ergibt sich daraus „Marija ljubi", in der deutschen Übersetzung „Maria liebt") an.

1988 wurde das Buch in Zagreb in zwei Auflagen auch in kroatischer Sprache publiziert. Um vor der Polizei zu vertuschen, daß er auch der Autor der deutschen Ausgabe ist, bediente er sich diesmal des Pseudonyms Jakov Marin (Jakov ist der Patron der Pfarre Medjugorje, Marin entspricht dem Wort Marijin, und das heißt übersetzt: Jakov Mariens).

Sein zweites deutsches Buch, eine verbesserte Auflage der ersten Ausgabe, erschien unter beiden Pseudonymen.

Später erschien in kroatischer Sprache auch noch ein Kurzbericht über die Geschehnisse und Botschaften von Medjugorje. Da es im Grunde nur eine Zusammenfassung seines ersten kroatischen und seines zweiten deutschen Buches ist, wurde der Text nur komplettiert.

Die in deutscher Sprache publizierte Broschüre „Medjugorje-Kurzbericht über die Marienerscheinungen" erschien zwar unter dem Pseudonym Marijan Ljubić, wurde jedoch ohne Wissen und Mitwirkung des Urhebers gedruckt. Da der Text Mängel aufweist, distanziert sich Alojzije Švaljek von diesem Werk.

INHALT